Franziska Lô

111 Orte für Kinder in und um Stuttgart, die man gesehen haben muss

111

emons:

Ich widme dieses Buch allen kleinen und großen Abenteurern, die nie müde werden, das Leben zu genießen.
Für Max – mit all meiner Liebe, deine Tante Franzi

Bibliographische Informationen der Deutschen Nationalbibliothek
Die Deutsche Nationalbibliothek verzeichnet diese Publikation in der Deutschen Nationalbibliografie; detaillierte bibliografische Daten sind im Internet über http://dnb.d-nb.e abrufbar.

MIX
Papier aus verantwortungsvollen Quellen
FSC® C043106
FSC www.fsc.org

Layout: Editorial Design & Artdirection, Conny Laue, Bochum,
nach einem Konzept von Lübbeke | Naumann | Thoben und Nina Schäfer
Kartografie: altancicek.design, www.altancicek.de
Kartenbasisinformationen aus Openstreetmap,
© OpenStreetMap-Mitwirkende, ODbL
Druck und Bindung: Grafisches Centrum Cuno, Calbe
Printed in Germany 2020
ISBN 978-3-7408-0655-2
Originalausgabe

VORWORT

Liebe Eltern, liebe Kinder,

dieses Buch ist inhaltlich über zehn Jahre entstanden. In dieser Zeit war ich als Therapeutin mit Kindern rund um Stuttgart unterwegs und habe die Kleinen in meinen Projekten »SinnesBaum« und »Natur hilft Heilen« begleitet.

Besonders eindrucksvoll waren die Jahre mit den Kindern des Caritas e.V., die ich im Rahmen ihrer Traumabewältigung kennenlernen durfte. Jesiden, die im Irak aus Höhlen gerettet wurden und gemeinsam mit ihren Müttern nun in Stuttgart leben. Diese Erfahrung ging über alles bisher Erlebte hinaus, und ich danke den Kindern für die gemeinsame Zeit, in der wir gelacht, geweint, geflucht und sehr viel gespielt und entdeckt haben. Diese Worte widme ich Karwan und Helin, die mich durch ihre Persönlichkeiten so herausgefordert haben, dass ich gemerkt habe, wie sehr ich lieben und wie gut ich trösten kann.

Ich wünsche den Familien in und um Stuttgart viel Freude beim Entdecken der 111 Orte, die ich gemeinsam mit meinen Schützlingen erkundet habe. Manches werden Sie schon kennen, anderes wird neu sein. Die Spieltipps und -ideen sind oft aus kindlicher Kreativität erblüht, und ich hoffe, Sie haben gemeinsam mit Ihren Kindern genauso viel Freude.

Und solange man einmal mehr lacht als weint, ist das mit der Erziehung schon gelungen!

Sehr herzlich
Ihre Franziska Lô

111 ORTE

1_DIE ZACHERSMÜHLE

In Wahrheit ist ein Esel auch nur ein Einhorn in Grau

Wenn Sie eine der folgenden Fragen spontan mit »Ja« beantworten, sind Sie hier richtig für Ihren stressfreien, entspannten und belebten Wochenendausflug:

Ihr Kind meckert, wenn Sie wandern oder spazieren gehen wollen? Der Rucksack ist grundsätzlich zu schwer und soll von jemand anderem getragen werden? Ein bisschen mehr Ruhe und Geduld wären ganz schön? Prima! Was Sie brauchen, ist eine Trekkingtour mit einem Esel!

Die Zachersmühle in Adelberg bei Schorndorf hat sich auf Eseltouren spezialisiert und ist mit diesem Angebot einmalig in der Region. In kleinen Gruppen wandern die Kinder mit den gemütlichen Grautieren durch den Schurwald. Die Esel tragen einen Teil des Gepäcks. Die Kinder einen Teil der Verantwortung. Denn Ziel ist, dass alle gemeinsam am Zielort ankommen. Nein, Ihr Kind reitet nicht auf dem Tier: Es wandert ganz nebenbei!

Esel gelten als sanftmütige und geduldige Tiere. Aber eines ist auch klar: Wenn der Esel stur ist und bockt, dann ist er stur und bockt, und man muss warten, bis er von allein weitertrabt. Sicher auch eine nette Spiegelerfahrung. Wem eine Tagestour nicht genügt, der bucht das Esel-Deluxe-Package mit Übernachtung im Tipi. Durch Moore, Wälder und den schwäbischen Dschungel *back to the roots*. Da wird der Indianer in uns wach. Noch mehr Spannung gefällig? Wenige Kilometer entfernt warten ein paar Kobolde auf kleine Besucher.

Adresse Zachersmühle 1, 73099 Adelberg, Tel. 07166/255 oder 0176/55358531, eseltrekking@zachersmuehle.de, www.zachersmuehle.de // Anfahrt nur mit dem Pkw möglich; ab Stuttgart zunächst über die B 14 in Richtung Waiblingen, dann B 29 in Richtung Aalen, Abfahrt in Schorndorf-West, 10 Kilometer Landstraße bis Adelberg // Öffnungszeiten Buchung ab zwei Personen, Informationen zu Touren, Öffnungszeiten und Preisen siehe Website // ab 3 Jahre

TIPP: Beim alljährlichen Eselfest an einem Samstag im August wird eine Pilgertour mit den Eseln ins Kloster veranstaltet, wo die Tiere gesegnet werden. Am Sonntag gibt es einen Schönheitswettbewerb nach dem Motto »Wer ist der schönste Esel im ganzen Land?« und abends die Siegerehrung.

2_DIE SALZRUTSCHE

Auf Schatzsuche in 180 Metern Tiefe

Gibt es Tiefenangst? Also das Pendant zu Höhenangst? Hoffentlich nicht, denn im Salzbergwerk von Bad Friedrichshall geht es zunächst tief hinab. Wie? Im Körbchen. Im sogenannten Förderkorb. Alle rein, und ab geht's nach unten! Wie fühlt es sich an, in ein Bergwerk abgeseilt zu werden? Aufregend? Spannend?

Weit unter Tage entdecken hier Klein und Groß die Welt des Salzes, des weißen Goldes, die beinahe 200 Millionen Jahre alt ist. Eine zeitliche Dimension, die kaum vorstellbar ist.

In den riesigen unterirdischen Kammern werden mit moderner Technik die Gewinnung des Salzes und seine Geschichte vorgestellt. Medien- und Laserinstallationen zeigen den Besuchern, wie das so geht. Schließlich darf sogar interaktiv eine eigene Sprengung ausgelöst werden. Peng! Quasi ein gigantischer Salzstreuer!

Wie kommt das Salz eigentlich auf den Tisch? Und wussten Sie, dass das Salz älter als die Dinosaurier ist? Und wieso ist Salz eigentlich salzig? All diese Fragen werden im Salzbergwerk beantwortet.

Genug gelernt! Wir wollen hier schließlich auch Spaß haben. Und den gibt es hier. Eine 40 Meter lange Rutsche befördert die Besucher mitten in eine andere Welt, nämlich hinab in die Tiefe des Berges.

Dort erfahren die Besucher auch, was die einzelne Dame, die als Statue in einer der Kammern steht, darstellt.

Ein Besuch hier ist ein Erlebnis für Tiefe und Weite und eine Reise zurück in vergangene Zeiten. Wenn es auch heute kaum mehr vorstellbar ist, so haben wir schließlich alle einmal in Höhlen gelebt.

TIPP: Die Ausstellung von Mineralien, echten Edelsteinen und Fossilien kann vom Bergwerk aus besucht werden.

Adresse Salzbergwerk Bad Friedrichshall, Bergrat-Bilfinger-Straße 1, 74177 Bad Friedrichshall, Tel. 07131/9593303, info@salzwelt.de, www.salzwelt.de // ÖPNV ab Hbf Stuttgart mit RB Richtung Würzburg bis Haltestelle Hbf Bad Friedrichshall // Öffnungszeiten Mai–Sept. an Wochenenden 9.30–15.30 Uhr, in den Sommerferien zusätzlich Fr zur selben Uhrzeit // für jedes Alter geeignet

3_DAS BREZELMUSEUM

Das Rätsel um die Brezel

Mitunter lernen LehrerInnen im Ländle, ihre Klasse mit dem Kommando »Brezelarme« zur Ordnung zu rufen. Brezelarme? Praktisch ist damit gemeint: Arme verschränken, Mund halten.

Ob diese Erziehungsmethode nur im Schwabenland zieht? Das könnte man überprüfen. Fakt ist, die Laugenbrezel gehört zum Schwabenland wie Mercedes zu Benz.

Nun hat die Stadt Erdmannshausen der Brezel ein ganzes Museum gewidmet. Inklusive der komplexen Entstehungsgeschichte derselben.

Wer hätte gewusst, dass auch die Brezel mit Bauch-, Beine-, Po-Richtlinien zu kämpfen hat? Ihre Problemzonen heißen allerdings Bauch, Arm, Knoten und Ausbund, und für die gibt es ganz strenge Maßgaben. Ach, auch als Brezel hat man es nicht leicht.

Kurzweilig sind die beiden Ausstellungen »Der Brezel neue Kleider« und »Die Welt durch die Brezel betrachtet«. Ob man die rosarote Brezel nun aufsetzen möchte oder nicht – im Museum haben Kinder die Möglichkeit, beim Brezelbacken mitzumachen und sich so optimal auf das Leben und »Schaffen« im Ländle vorzubereiten. Denn Formen, Backen und Kneten wollen gelernt sein. Eine Anmeldung zum gemeinsamen Backen ist erforderlich. Ein geduldiger Brezelbäcker steht den Kindern mit Rat, Tat und Schürze zur Seite.

Überlegen Sie sich das mit der Ingenieurskarriere Ihres Sohnes, denn Bäckerlehrlinge haben hier freien Eintritt.

Adresse Badstraße 8, 71729 Erdmannhausen, Tel. 07144/8882565, www.brezelmuseum.de // **ÖPNV** S 4 Richtung Backnang, Haltestelle Erdmannhausen, Fußweg zum Museum 6 Minuten ortseinwärts // **Öffnungszeiten** Sa, So 11–17 Uhr, Sondertermine auch wochentags; Preise: Erwachsene 5 Euro, Kinder 3 Euro, bis 5 Jahre freier Eintritt // für jedes Alter geeignet

TIPP: Gegenüber gibt es einen Spielplatz mit einer Kletterbrezel.

4_DER DOKTORFISCH

Sind Zebrafinken eine Paarung aus Zebras und Finken?

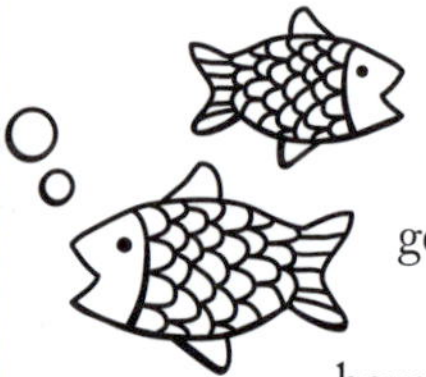

Fragen über Fragen, die zu stellen Kinder niemals müde werden. Die Nymphaea ist ein kleiner, aber prächtig gefüllter Tierpark auf der Neckarinsel in Esslingen.

Kaum zu glauben, dass hier über 600 Tiere ein Zuhause haben. Die unzähligen Bienen, Fische und einheimischen Tiere, die gern zu Besuch kommen, gar nicht mitgerechnet.

Jede Menge exotischer Vögel, Reptilien, Amphibien und Nager leben hier artgerecht, erfreuen die Kleinen und Kleinsten und Tierschützer, denn hier fühlen sich die Tiere wohl.

Schon einmal eine Persische Rennmaus gesehen? Zu fix? Ist eine Farbmaus bunt? Ist der Schreckliche Pfeilgiftfrosch wirklich so schrecklich? Und glitzert das Diamanttäubchen in der Sonne?

Ein kleiner, natürlicher Ort mit vielen Fragen und Antworten.

Zwischen Seen und Aquarien, die ebenfalls alle bewohnt sind, gibt es auch einen Streichelzoo mit heimischen Tieren wie Eseln oder Ponys. Ponyreiten kann man hier auch. Nur Karpfenschwimmen nicht.

Und pssst: Wenn jemand ein aufgeschlagenes Knie hat oder todunglücklich ist, weil das dritte Eis verneint wurde, geht er vielleicht am Salzwasseraquarium vorbei und klagt dem Doktorfisch sein Leid. Der hat bestimmt ein offenes Ohr oder eine offene Kieme.

Die Besonderheit dieses Tierparks: Wer sein Haustier abgeben muss, kann sich hier melden. Und wer ein Tier aufnehmen möchte, ebenso. Geburtstagskinder haben freien Eintritt! Feiern Sie doch zur Abwechslung mal mit einem Gelbhaubenkakadu!

Adresse Tierpark Nymphaea, Nymphaeaweg 12, 73730 Esslingen am Neckar, Tel. 0711/314390, info@tierpark-nymphaea.de, www.tierpark-nymphaea.de // **ÖPNV** S 1 bis Haltestelle Oberesslingen, dann 20 Minuten zu Fuß // **Öffnungszeiten** April–Sept. Mo–Fr 10–18 Uhr, Sa, So, Feiertage und Ferien 9–18 Uhr, Okt.–März Di–So, Feiertage 10–17 Uhr; Preise: bis 6 Jahre frei, 7–17 Jahre 1,50 Euro, ab 18 Jahre 4 Euro // für jedes Alter geeignet

TIPP: Das Neckarfreibad ist nur fünf Kilometer mit dem Auto entfernt.

5_KLEIN-VENEDIG

Von Kanus und Schwänen

Ein Tag in Esslingen am Neckar? Dann nichts wie los »in die Maille«! Der Stadtpark von Esslingen befindet sich mitten in der Innenstadt. Halb verwachsen mit dem Rest der Stadtmauer und den Stufen, die hinunter zu einem bachähnlichen Seitenarm des Neckars führen, der normalerweise nur sanft vorbeiplätschert und keine großen Gefahren birgt. Bei heißen Sommertemperaturen lassen sich hier im knöcheltiefen Wasser herrliche Wasserinseln bauen. Mit viel Glück paddelt ein Kanufahrer vorbei. Mit noch mehr Glück können Sie selbst eine Kanutour durch die »Kanäle« Esslingens erleben. Denn tatsächlich wird ein Teil der Stadt in der Nähe der Archivstraße auch »Klein-Venedig« genannt.

Im Maille-Park finden regelmäßig abwechslungsreiche Veranstaltungen statt, ob Kinderfest oder Sommertheater. Hier lässt sich die Stadt immer etwas einfallen für Groß und Klein.

Von der Brücke, die zur Ritterstraße führt, kann man in aller Ruhe die Schwanenfamilie beobachten, die sich je nach Jahreszeit mit ihrem Nachwuchs dort tummelt. Und selbstverständlich gibt es auch einen Holzspielplatz im Park. Nestschaukel, Klettergerüst und alles, was das Kinderherz begehrt. Wobei – ein Bad im Springbrunnen ist bei Sommertemperaturen vielleicht sogar noch spannender. Seinen Namen verdankt der Park dem Ballspiel Paille-Maille, einem Geschicklichkeitsspiel mit Ball und Stock aus dem 16./17. Jahrhundert – quasi die Urversion des Golfs. Tatsächlich spielt das hier keiner mehr. Warum eigentlich nicht?

TIPP: Auf der Inneren Brücke in der Altstadt befindet sich das Lavazza Café mit einem Turmfenster, das den Blick über den Park freigibt.

Adresse Maille, Wehrneckarstraße 13, 73728 Esslingen am Neckar // **ÖPNV** S 1 bis Haltestelle Esslingen, dann 5 Gehminuten // **Öffnungszeiten** immer zugänglich; Kontakt Kanutouren: www.esslingen-erleben.de, Tel. 0711/3509449, täglich 10 – 13 Uhr // für jedes Alter geeignet

6_DIE RINGE

Außerirdische Pilze und Herr der Ringe

Anders, als der Name Jägerhaus vermuten lässt, wird hier nicht gejagt, sondern spaziert, gejoggt und gespielt. Im Herbst kann man hier auch sehr gut Pilze suchen – und finden. Sogar der seltene Tintenfischpilz wächst in diesem Waldgebiet. Er sieht aus wie ein Außerirdischer, der seine Tentakel quer über den Waldboden ausbreitet, und ist nicht essbar!

Wer leise durch das Dickicht schlüpft, sieht mit viel Glück Rehe oder sogar Wildschweine. Während Rehe ja von allein das Weite suchen, sind Wildschweine, wenn sie Frischlinge bei sich haben – also wenn sie selbst einen Familienausflug machen –, eher auf Krawall gebürstet. Laufen Sie in so einem Fall weg! Sie greifen gern an, um ihre Jungtiere zu verteidigen!

Der Waldspielplatz in Parkplatznähe liegt mitten im Wald und ist im Sommer angenehm schattig. Für jede Altersgruppe gibt es hier die passenden Geräte – die man sich dann und wann auch einmal mit einem Eichhörnchen teilen muss. Denn die umliegenden Bäume sind überwiegend Eichen. Hände über Kopf, Brille und Säugling ausbreiten, wenn die Eicheln bei Wind vom Baum auf die Köpfe prasseln!

Im hinteren Teil des Spielplatzes befinden sich Ringe zum Turnen in drei verschiedenen Höhen. Spätestens hier haben auch die Großen Spaß. Und am nächsten Morgen weiß man, woher der brennende Schmerz an den Innenseiten der Oberarme kommt!

TIPP: Das griechische Restaurant Zeus hat einen herrlichen Biergarten, von dem aus man das gesamte Tal bis zum Flughafen überblicken kann.

Adresse Römerstraße, 73732 Esslingen am Neckar // **ÖPNV** mit der Regionalbahn oder der S 1 bis Haltestelle Esslingen am Neckar, dann Bus 108 bis Haltestelle Liebersbronn Jägerhaus // **Öffnungszeiten** Der Wald und seine Tiere haben ganzjährig und rund um die Uhr geöffnet. // ab 0 Jahre

7_DIE VILLA

Von Wikingern, Römern und Piraten

Anders? Wer oder was ist hier anders? Niemand! Wer legt eigentlich die Norm fest und entscheidet darüber, was als normal gilt? Die Wissenschaft? Der Mensch braucht einen Rahmen, in dem er sich zurechtfindet und Dinge zuordnen kann. Schwierig wird es erst dann, wenn Menschen aufgrund ihrer Herkunft, Religionszugehörigkeit oder wegen einer Behinderung oder psychischen Störung ausgegrenzt werden.

Nicht mit uns, dachten sich die Gründer der VILLA, des inklusiven Kinder- und Jugendkulturhaus e.V. Hier wird das Wir gelebt! In gemeinsamen Aktionen zu den unterschiedlichsten Themen verbringen Kinder mit und ohne Behinderung egal, welcher Herkunft zusammen ihre Freizeit.

Über das Jahr hinweg gibt es die unterschiedlichsten Veranstaltungen. So können sich die Kinder und Jugendlichen gemeinsam auf eine »Reise um die Welt« aufmachen oder gemeinsam Theater spielen. Die Stücke werden eingeübt und dann aufgeführt.

In den Ferien gibt es ein spezielles Programm, und jede Ferienwoche hat ein eigenes Thema. Wie wäre es mit der Römerwoche? Oder doch lieber als Wikinger oder Pirat den Sommer verbringen? Die Kostüme werden natürlich selbst gestaltet, von Hand gemacht, angezogen, und dann geht es mit Gebrüll auf eine »Reise durchs Tierreich«. Geht nicht, gibt's hier nicht! Und das Allerbeste: Niemand wird hier ausgeschlossen.

Adresse Plochinger Straße 15, 73730 Esslingen am Neckar, Tel. 0711/7785485, www.villa-esslingen.de, kontakt@villa-esslingen.de // **ÖPNV** S 1 bis Haltestelle Esslingen, dann Bus 101 bis Haltestelle Charlottenplatz, circa 100 Meter Fußweg // **Öffnungszeiten** Veranstaltungen siehe Website // Aktionen für Kinder zwischen 6 und 16 Jahren

TIPP: Der Verein Frischlinge e. V. in der Wielandstraße bietet Kinderbetreuung für die Kleinsten an.

8_DIE WURZELHÖHLE

Wo die Leseratten geboren wurden

Wofür stehen eigentlich das J und das F? Für Jakob Ferdinand Schreiber, der 1831 nach Esslingen kam. Das ist nun schon eine ganze Weile her. Aber ihm verdanken die Kinder die Kinderbücher. Denn der gute Mann kam nicht mit leeren Händen, sondern mit vielen Ideen und 44 Steinplatten. Wie kommt nun eine Idee auf eine Steinplatte? Das klingt ja wirklich mittelalterlich. Und das war es auch. Jakob Ferdinand Schreiber war Lithograf. Er gestaltete bunte und qualitätsvoll gedruckte Bilder und hatte damit großen Erfolg.

Das Museum bietet bis heute für Kinder allerlei Kreatives zum Mitgestalten. Wie wäre es damit, Papiertheater, Kartonmodelle und Bilderbücher in der Produktion zu entdecken? Es gibt noch originale Entwurfszeichnungen des Illustrators und einen Einblick in sein Atelier. Wie sind Bücher im Jahr 1900 überhaupt entstanden?

Was ist das Highlight des Museumsbesuches? Selbstverständlich die Wurzelhöhle, die sich seit der Entstehung des bekannten Kinderbuches »Etwas von den Wurzelkindern« maximaler Beliebtheit erfreut.

Witzig ist schon die Anfahrt im Fahrstuhl, denn einmal oben angekommen, wird den Gästen ein Ständchen gespielt! Die Museumsbesucher bekommen einen Eindruck vom Leben der Wurzelwesen.

Das gesamte Museum ist interaktiv gestaltet. Überall Knöpfe und Strippen, an denen die Kinder (und Eltern) nach Herzenslust ziehen können. Irgendwo tut sich dann ein Fenster auf, oder der Zug fährt los – oder geht gar das Licht aus? Mittwochs wird hier gebastelt!

Kleine Kinder können sogar ihren Geburtstag feiern.

TIPP: Über die Aufgänge der Beutau gelangt man auf die Esslinger Burg. Hier findet man einen kleinen Park und einen Spielplatz und wird mit einer herausragenden Aussicht über die Stadt belohnt.

Adresse J. F. Schreiber-Museum, Untere Beutau 8–10, 73728 Esslingen am Neckar, Tel. 0711/35123307 // **ÖPNV** mit Regionalbahn oder S-Bahn nach Esslingen am Neckar, dann Bus 108 bis Kleiner Markt, 2 Gehminuten // **Öffnungszeiten** Di–Sa 14–18 Uhr, So, Feiertage 11–18 Uhr, Mo geschlossen // ab 4 Jahre

9_DIE BABYBÄUME

Ein Baum für jedes Baby

Es ist eine alte Tradition, die wie so viele beinahe in Vergessenheit geraten wäre, wenn nicht ein nostalgisches Herz sie wiederbelebt hätte. Die Stadt Fellbach hat sie für sich entdeckt und eine warmherzige Aktion gestartet. »Für jede Geburt ein Baum.«

Jährlich zum Anlass der im Kalenderjahr geborenen Kinder veranstaltet die Stadt eine Baumpflanzaktion in der Nähe des Familien- und Erlebnisbades F.3. Jedes Kind bekommt einen Baum.

Die Bürgermeisterin pflanzt gemeinsam mit interessierten Kindern und Eltern die Bäume. Auf einer Metallplatte sind die Namen und Geburtstage der Kinder eingraviert, und unmittelbar daneben wächst ein Bäumchen. Die Stadt Fellbach und die Familien schätzen diese liebevolle Geste sehr. Ist ja auch romantisch.

Der Bereich neben dem Bad nennt sich »Kunststückle« und ist eine Initiative des Fellbacher Kunstvereins. Auf dem Kopf stehende Bäume, bunte Stelzen und Holzskulpturen, die den Bereich ausfüllen, sehen schon von Weitem einladend aus. Sie zu erkunden macht Freude: Farbe, Holz und Phantasie laden die Kinder zum Turnen und Klettern ein. Und Helmpflicht besteht nicht.

Zwischen den rankenden Blüten stecken die von Kindern bemalten Holzbienen und zeigen die aktuellen Lieblingsfarben und die Laune des Kindes, das sie bemalt hat. Schnute oder Strahlen?

Inmitten des Parks gibt es einen Spielplatz, und eine riesige Holzbiene weist auf die verschiedenen Spielgeräte hin. Links zur Schaukel, rechts zur Wiese. Alles bunt bebildert, damit sich keiner verläuft.

TIPP: Selbstverständlich liegt ein Besuch im angrenzenden Schwimmbad nahe. Ein weiterer Tipp für kalte oder nasse Tage ist der Indoorspielplatz TobiDu gegenüber.

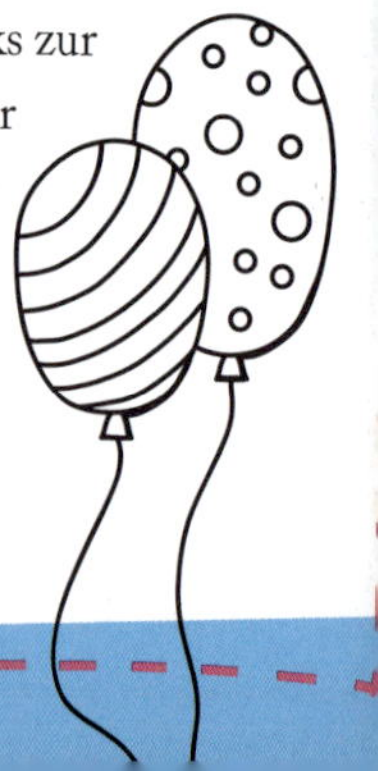

Adresse Feld zwischen F.3 und Pflanzenmarkt Kölle, Zugang über Esslinger Straße 100, 70734 Fellbach // **ÖPNV** U 1 bis Haltestelle Fellbach Esslinger Straße // für jedes Alter geeignet

10_DIE KINDER-BAUSTELLE

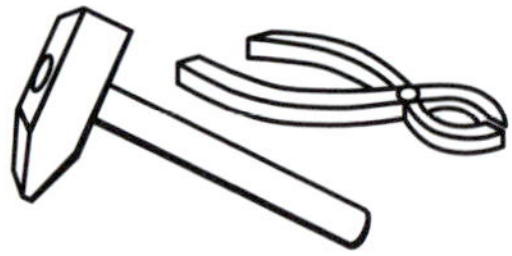

Kinder haften für ihre Eltern

Wo beginnt das nächste Abenteuer? Wer hat eigentlich gesagt, dass ein Kind nicht mit Feuer spielen darf? Auf dem Abenteuerspielplatz ist das Teil der Aufgabe: Feuer machen. Natürlich nur an der dafür vorgesehenen Feuerstelle. Wie lange müssen zwei Steine oder Stöcke aneinandergerieben werden, bis es endlich funkt?

Das Holzhaus des Spielplatzes sieht aus wie die Villa Kunterbunt und heißt auch so. Wer wohnte da doch gleich? Nebenan befindet sich der Garten für die großen und kleinen grünen Daumen. Wer gärtnern lernen möchte, ist hier gut aufgehoben.

Oder wie wäre es mit einem Bad im Stroh? Ob das allergikerfreundlich ist, bleibt offen. Alle anderen dürfen hier toben und stauben, was das Zeug hält.

Zu wild? Lieber etwas Praktisches mit Konzentration? Dann ist der Hüttenbau vielleicht das Richtige. Doch Achtung, hier gilt: Betreten der Baustelle verboten! Es besteht Helmpflicht, und diesmal haften die Kinder für ihre Eltern. Selbstverständlich gibt es auch eine Werkstatt für die fleißigen Handwerker.

Zum »Sich-Kloppen« lädt der Duellraum ein. Kann man nicht beschreiben – muss man erlebt haben. Am besten am eigenen Leib. Wie fühlt es sich an, zwischen zwei riesigen Matratzen zu klemmen?

Ist das Wetter doch einmal schlecht, helfen Tischkicker, Billardtisch und jede Menge Spiele in der Villa Kunterbunt.

Hunger? Nach so viel Spielen wird gemeinsam gekocht. Das Feuer brennt ja noch, also gibt es Stockbrot oder Folienkartoffeln aus eigenem Anbau.

TIPP: In der angrenzenden Kleingartensiedlung lässt es sich gut spazieren. Im Wohngebiet gibt es einen Spielplatz mit einer steilen Rutsche.

Adresse Abenteuerspielplatz Geiger-Memberg e.V., Beskidenstraße 18, 70374 Fellbach, Tel. 0711/525928, www.abi-gm.jimdo.com // **ÖPNV** U1 Richtung Fellbach bis Beskidenstraße, dann 3 Gehminuten // **Öffnungszeiten** Mo–Fr 13–18 Uhr, in den Ferien Mo–Mi und Fr 10–12 Uhr, Mo–Fr 13–18 Uhr, Sa, So geschlossen // ab 6 Jahre ohne Begleitung, unter 6 Jahren mit Begleitung der Eltern

11_ DAS MEERJUNGFRAUEN-PARADIES

Schwimmen wie Arielle

Dass Kinder Rollenspiele lieben, ihre Film- und Märchenhelden vergöttern und im Spiel versunken gern in die Rolle der Prinzessin, des Piraten oder von wem auch immer schlüpfen, ist zum Glück normal. Zumindest ist es nun möglich, wie eine Meerjungfrau zu schwimmen. Egal, ob Arielle eine der Kindheitsheldinnen war oder nicht: Es ist nie zu spät für ein Leben als Meerjungfrau.

Das Erlebnisbad Fildorado bietet das trendige Mermaiding an. Und lässt Kinder, die gut schwimmen und tauchen können, in die Unterwasserwelt der Fabelwesen eintauchen. Elegant mit Flosse, versteht sich. Die kleinen Meerjungfrauen und Wassermänner tauchen und stieben mit bunter Monoflosse durch das Wasser und verwandeln sich in kunterbunte Märchenwesen. Wasserfestes Make-up gibt es auf Wunsch dazu.

Es geht tierisch weiter: Der Juch-Hai ist das riesige blaue Maskottchen des Bades und begrüßt die Kinder in Lebensgröße. Er hat strahlend weiße Zähne und ein plüschiges, samtweiches hellblaues Fell. Er ist *der* Stargast aus dem Haifischbecken und treibt überall im Bad sein freundliches Unwesen. In allen Formen ist er zu erwerben, aber das menschengroße Original darf jeder zu unterschiedlichen Zeiten im Bad in den Arm nehmen.

Für die Noch-Nichtschwimmer bietet Connys Schwimmschule Schwimmunterricht. Hier geht wirklich keiner unter!

TIPP: Der Juch-Hai ist mittlerweile so berühmt, dass die Bäckerei Böpple in Filderstadt ein spezielles »Juch-Hai«-Gebäck kreiert hat, das exklusiv im Fildorado gekauft und verputzt werden kann!

Adresse Sport- und Badezentrum FILDORADO GmbH, Mahlestraße 50, 70794 Filderstadt-Bonlanden, Tel. 0711/707096919, erlebnisbad@fildorado.de, www.fildorado.de // ÖPNV S 2 bis Filderstadt-Bernhausen, dann Bus 35 bis Bonladen (Fildorado) // Öffnungszeiten Mo–Sa 9–22.30 Uhr, So 9–21 Uhr; Preise: Meerjungfrauenschwimmen 30 Minuten 20 Euro, Schminken (optional) 5 Euro, zuzüglich Eintritt // Sobald die Kinder schwimmen können, können sie hier mitmachen!

12_DIE VERSTECK-WURZEL

Ein Besuch auf dem Inklusionsspielplatz

Was bedeutet eigentlich Inklusion? Im Grunde und kindgerecht formuliert bedeutet sie das Gegenteil von Ausschließen. Nicht jedes Kind, nicht jeder Mensch ist mit denselben Stärken, Möglichkeiten und Fähigkeiten ausgestattet. Früher wurden Menschen mit Behinderung verfolgt und verbannt, und in manchen Kulturen ist das auch heute noch so.

Zum Glück sind diese Zeiten in Deutschland vorbei. Was die Versorgung von Menschen mit Behinderung anbelangt, leistet die Diakonie im Landkreis einen enormen Beitrag. Und in Kernen im Ortsteil Stetten leben Menschen mit Behinderung sogar auf einem Schloss. Der das Schloss umgebende Garten wurde ganz neu angelegt. Sein Herz ist der Inklusionsspielplatz.

Bei der Gestaltung wurden vor allem Rundhölzer verwendet, um die Verletzungsgefahr zu reduzieren und gleichzeitig viele Spielmöglichkeiten zum Klettern, Toben und Verstecken zu bieten. Die Bauwerke tragen tatsächlich auch die Namen »Kletterwurzel«, »Versteckwurzel« und »Klangwurzel«. Ob die Klangwurzel auch Musik macht? Wie hört sich das wohl an?

Zum Kleckern und Kochen von Schlammsuppe gibt es einen Matschtisch. Kinder, die im Rollstuhl sitzen, können auf der Rollstuhlschaukel oder dem Rollstuhltrampolin spielen.

Das Schöne: Hier ist jeder Willkommen, denn die Idee ist, gemeinsam zu spielen. Da lernen Erwachsene gern von den Kindern. Denn für die ist ein fremdes Kind einfach ein Freund, den sie noch nicht kannten.

TIPP: Das »Bädle« ist ein Mini-Naturbad, dass eigentlich nur mit einem geheimen Code geöffnet werden kann. Komischerweise kennt den in Stetten jeder!

Adresse Schlosspark der Diakonie Stetten, Schlossberg 2, 71394 Kernen-Stetten; Kontakt: Gemeinde Kernen, Stettener Straße 12, 71394 Kernen im Remstal, Tel. 07151/40140, info@kernen.de // **ÖPNV** S 3 bis Waiblingen, dann Bus 211 bis Stetten i. R. Diakonie // ab 2 Jahre

13_ DIE HUNDELOUNGE

Waschen, schneiden, föhnen, bellen

Sie haben keinen eigenen Hund, der regelmäßig geschniegelt und gebügelt werden muss? Das macht nichts, denn hier darf man ruhigen Gewissens einmal einen Blick durchs Fenster werfen und den flinken Fingern der Besitzer Schmoll zusehen.

Wieder im Schlamm gesuhlt? Sind das Verfilzungen im Fell? Oder hat das Tier einen Bad-Fell-Day? Was auch immer der Grund für den Besuch beim Hundefriseur sein mag, einen exklusiven Service bietet er definitiv. Der Kunde ist König. Wobei als Motto auch »Der Hund ist König« passen würde.

Und wenn der Bello gar keine Lust auf Locken hat, wird er erst einmal gecoacht, bis er der Inhaberin vertraut.

Als Frauchen darf man hierbleiben und zuschauen. Als Kindchen auch. Aber entscheiden wird immer der Vierbeiner. Ist der nämlich so ein edles Persönchen wie seine Besitzerin, dann möchte er lieber nicht beobachtet werden, während er mit nassem Fell und einem ungünstigen Umhang beinahe unvorteilhaft aussieht.

Fotos dürfen während der Sitzung übrigens nicht gemacht werden. Da sind die Tiere eigen oder besser gesagt die Besitzer. Danach gern, aber keinesfalls während des Trimmens, Kämmens, der Ohren- oder Pfötchenpflege. Ist eben privat und persönlich.

Ob die Ballenpflege angenehm ist, liest man dem behandelten Tier sicher von den Augen ab. Ja, da läuft vielleicht der Sabber - darf ja auch! Schließlich sind wir hier unter Hunden, richtig? Katzen würden schnurren.

Adresse Christophstraße 56, 70771 Leinfelden-Echterdingen, Tel. 0711/99749427, info@hundesalon-prestige.de, www.hundesalon-prestige.de // **ÖPNV** S 2, S 3 bis Bahnhof Echterdingen, dann 10 Gehminuten // **Öffnungszeiten** Termine nach Vereinbarung, online buchbar // ab 2 Jahre

TIPP: Der Indoorspielplatz Bambilicious bietet an einem regnerischen Tag Zuflucht (Kanalstraße 6).

14_DAS SCHMELLBACHTAL

Och nö, wandern?

Doch, heute geht die ganze Familie einmal wandern! Nicht, wie vom Nachwuchs angenommen, um diesen zu quälen, sondern um was zu erleben. Und das ist auf den Wanderungen im Schmellbachtal durchaus möglich.

Entlang des Schmellbachs gibt es einige schöne Wanderwege, die auch für Kinder zu bewältigen sind. Zwischen Stuttgart-Rohr und Vaihingen gelegen, ist das Tal auch für Städter gut zu erreichen und bietet ein wenig Naherholung, die keine große Planung erforderlich macht. Also, auf geht's! Hier kann die ganze Familie schön Zeit miteinander verbringen. Vor allem, wenn es im Sommer heiß ist. Der Bach plätschert und sorgt für ein erholsames Ambiente.

Wer es bis hierher geschafft hat, der wird belohnt. Denn inmitten des Tals wartet auf die größeren Kinder ein Klettergarten. Der Ausflug hat sich gelohnt. Die Stimmung ist gerettet.

Hunger? Immer! Auch kein Problem. Mitten im Wald gibt es ein Waldrestaurant. Was tun, wenn der Sommer vorbei ist? Auch dann lohnt ein Besuch, denn nun geht es auf zum Eisstockschießen hier im Schmellbachtal.

Denn was für die einen nur aussieht wie ein oller Wanderweg, ist für die anderen die Tür zu einem Paradies voller In- und Outdooraktivitäten, die noch jedes Kinderherz erfreut und für müde, glückliche Gesichter am Abend gesorgt haben.

TIPP: Hier gibt es auch ein Waldheim mit verschiedenen Programmen und Veranstaltungen für Kinder und Jugendliche (Tel. 0711/7540394, www.kinderfreizeit-schmellbachtal.de).

Adresse Im Schmellbachtal 1, 70771 Leinfelden-Echterdingen, Klettergarten Tel. 0162/7613802, info@waldklettergarten-stuttgart.de // **ÖPNV** S 2, S 3 bis Oberaichen, dann Bus 818 bis Waldheim, 10–15 Gehminuten // **Öffnungszeiten** Neuberths Waldwirtschaft: Mi–Fr 12–17 Uhr, Sa, So 11–18 Uhr, Mo, Di geschlossen, www.neuberths-waldwirtschaft.de // Sobald die Kinder laufen können, ist dieser Weg problemlos zurückzulegen.

15_ DER ZAUBERGARTEN

Hinter den sieben Mühlen bei den Bremer Stadtmusikanten

Was tun, wenn es überall in Stuttgart dampft und zischt im Sommer, die Bäder überfüllt sind, die Eltern Ruhe suchen und die Kinder quengeln? Wohin mit der Familie? Was kann man machen?

Ein Besuch in der Natur hat noch immer geholfen. Bewegung schadet auch nicht, und die Aussicht auf tolles Essen mitten im Waldrestaurant erfreut alle. Auch für Stuttgarter ist die zu Leinfelden-Echterdingen gehörende Eselsmühle gut erreichbar. Im Ortsteil Musberg startet die Wandertour zu den sieben Mühlen.

Highlight auf der Tour ist die Eselsmühle selbst, die Bio- und Demeter-Produkte führt, sehr leckeres Essen und selbst gebackenen Kuchen anbietet. Von hier stammt im Übrigen das berühmte Brot.

Mit viel Glück sitzt dort dann auch der Bäcker und zeigt den wissbegierigen Kindern, wie man Brote backt und vor allem wie *seine* Brote gebacken werden, wie man Teige rührt, warum der Teig gehen muss und vor allem, wohin er geht!

In einem Hofladen kann ordentlich eingekauft werden. Die alte Mühle und ihr noch älteres Mühlrad sind ebenfalls frei zugänglich. Zum Restaurant gehört eine Gartenwirtschaft. Die ist perfekt für Kinder, denn man sitzt in einem märchenhaften Zaubergarten.

Überall surrt und schwirrt es, und dazu gibt es Esel, Hühner, Enten und Kätzchen. Fühlt sich alles ziemlich echt an hier.

Vom Parkplatz läuft man eine Viertelstunde, was auch für die Kleinsten machbar ist. Ein kleiner Kurzurlaub in der Gegend! Und jede Menge Tiere gibt es gratis dazu.

TIPP: Das Siebenmühlental bietet diverse Wasserläufe und Mühlen, die einen Besuch lohnen.

Adresse Eselsmühle 1, 70771 Leinfelden-Echterdingen, Holzofenbäckerei: Tel. 0711/7542535 // **ÖPNV** S3 bis Leinfelden Bahnhof, dann Bus 826 bis Eselsmühle, 5 Gehminuten // **Öffnungszeiten** Sept.–Dez. Di 12–18 Uhr, Mi–So 12–23 Uhr; Jan.–März So–Do 12–21 Uhr, Fr, Sa 12–22 Uhr // für jedes Alter geeignet

16_DER MÄRCHEN-GARTEN

Die sprechende Schatzkiste im Turm

Die älteren Besucher des Schlosses werden sich an der Schönheit desselben und an der zu jeder Jahreszeit passend gepflanzten Blütenpracht erfreuen. Und das ist sie wirklich: eine wahrhaft liebevoll gepflegte Blumenlandschaft. Das blühende Barock in Ludwigsburg.

Inwiefern Kinder sich nun für Blumen und Bienen begeistern, sei dahingestellt. Doch keine Sorge, die Kleinen und Kleinsten kommen hier voll auf ihre Kosten. Folgen Sie einfach der Beschilderung.

Da weiß man kaum, womit man anfangen soll. Wie wäre es mit einem Ausritt oder mit einer Fahrt mit der Kutsche oder mit einem Gefährt, das aussieht wie eine Muschel mit Meerjungfrau? Auf zum antiken Karussell! Die Pferde sind in Originalgröße, und so darf oder muss manch fürsorglicher Elternteil gleich mit ausreiten.

Ausgetobt? Dann geht es weiter in den interaktiven Märchengarten, in dem durch Drücken von Knöpfen der Märchenerzähler aktiviert wird, der die ausgestellten Szenen zum Leben erweckt. Fürchten muss man sich nicht. Aber es ist schon ein wenig gespenstisch an der einen oder anderen Stelle.

Mutige können durch den Rapunzelturm klettern. Welche Märchen sind hier verborgen und werden von einer Stimme über den Lautsprecher schallend erzählt? Und zu wem gehört diese glitzernde, güldene Schatzkiste im Keller des Turmes? Die blendet ja in den Augen. Und wie sie knarzt beim Öffnen! Wer hat hier seinen Schatz versteckt? Wie heißt das Märchen?

Adresse Blühendes Barock, Mömpelgardstraße 28, 71640 Ludwigsburg, Tel. 07141/975650, info@blueba.de, www.blueba.de // ÖPNV S 4, S 5 bis Ludwigsburg, dann Bus 422, 425, 426, 431, 433 bis Blühendes Barock // Öffnungszeiten Sommer: 9–18 Uhr, Winter: 10–17 Uhr; Informationen zu Eintrittspreisen auf der Website // ab 0 Jahre

TIPP: Im Herbst gibt es hier eine gigantische Kürbisausstellung, auf der Kürbisse in allen Formen und Größen zu Skulpturen aufgebaut werden. An Pfingsten findet für Groß und Klein das Straßenmusikfestival statt. Ein Erlebnis!

17_DER SAFTWOLF

Der Wolf und die sieben Säfte

Woher kommt der Saft? Wenn Ihr Kind diese Frage mit »Aus dem Tetra Pak aus dem Supermarkt« beantwortet, wird es Zeit für einen Besuch in der Natur, in einer Mosterei genau genommen.

Aber vielleicht wächst Ihr Kind auch naturnah auf, und Sie haben einen Apfelbaum im Garten oder eine Streuobstwiese in der Nähe. In jedem Fall lohnt es sich, bei Familie Wolf vorbeizuschauen.

Was der Wolf mit Apfelsaft zu tun hat? Eine ganze Menge!

Der NABU (Naturschutzbund Deutschland) hat eine lange Liste von privaten Mostereien, bei denen das eigene Obst abgegeben und als Saft wieder mitgenommen werden kann, herausgegeben.

In der Mosterei Wolf dürfen Sie allerdings beim ganzen Prozess zuschauen, und das ist natürlich für Kinderaugen äußerst spannend. Für Elternaugen im Grunde auch.

Also: Äpfel oder Birnen oder Kirschen pflücken. Unter www.mundraub.org finden Sie freie Streuobstwiesen, auf denen Sie für den Eigenbedarf nach Herzenslust und Laune ernten dürfen. Einen Termin in der Mosterei vereinbaren und dann das in Säcken oder Kisten verpackte Obst unbedingt noch mal von fauligen Insassen befreien! Ab nach Ludwigsburg, und viel Freude beim Zuschauen, wie aus einem knackigen Apfel ein Glas Saft wird. Apropos – wie viele Äpfel muss man denn auspressen für ein Glas Saft? Wird vom Apfel alles verwertet? Auch Grips und Kerne? Das erfahren die Kinder hier! Und die Eltern natürlich auch, denn Saftpressen geht jeden was an.

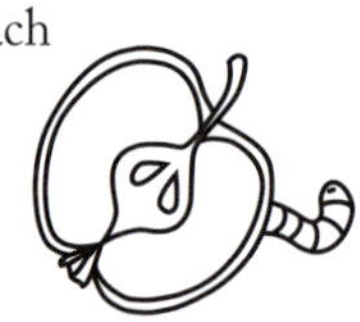

TIPP: Einmal in Richtung Ludwigsburg unterwegs? Ein Spaziergang am Schloss Solitude erinnert an Zeiten, in denen es noch Prinzen und Prinzessinnen gab (Solitude 1, 70197 Stuttgart).

Adresse Mosterei Wolf, Kelterplatz 6, 71642 Ludwigsburg-Poppenweiler, Tel. 07144/97104, mail@mosterei-wolf.de, www.mosterei-wolf.de // ÖPNV ab Hbf mit der R 4, R 5 oder S 5 nach Ludwigsburg, dann mit dem Bus 430 bis Poppenweiler Zehntscheuer // Öffnungszeiten Sa 8–17 Uhr, bei großer Nachfrage Termine auch Fr oder Mo (siehe Website) // ab 2 Jahre

18_DAS REGENBOGENHAUS

Beim Zahnarzt im Hundertwasserhaus

Wer hätte nicht gern einen Vater, Onkel, Großvater oder wenigstens einen Nachbarn wie Friedensreich Hundertwasser, der der Meinung war, dass jede Ecke rund sein sollte, dass der Bereich um die Fenster an der Fassade mit zur Wohnung gehört und somit gestalterisch einbezogen werden kann, soll, muss und darf?

Wer würde nicht gern nicht nur die Wand, sondern gleich noch die Fensterscheibe mit bunten Farben gestalten?

In der Natur gibt es keine geraden Linien, und so sind die Hundertwasserhäuser eine optische Ode an die kreative Seele jedweden Alters. Runde Ecken, Schlangenlinien, Glitzer und Spiegel. Ein Märchenhaus – auch für echte Menschen. Um die Bewohner vor zu vielen neugierigen Blicken zu schützen, ist das Hundertwasserhaus in Plochingen nur teilweise zu besichtigen. Es lohnt sich trotzdem!

Und die Eltern können hier mit dem Zweck die Mittel heiligen, denn im Hundertwasserhaus »Unterm Regenturm« befindet sich die Praxis des kinderfreundlichsten Zahnarztes schlechthin!

Hier gibt es so viel Spaß für die Kleinen, jede Menge Spiele und Ablenkung, dass die Kinder im Idealfall gar nicht gemerkt haben, dass sie beim Zahnarzt waren. Ganz ohne Lachgas!

Zur Ablenkung dreht sich ein Monitor über dem Behandlungsstuhl und zeigt Filmchen. Der Rest der Praxis ist ein Paradies mit Plüschtieren und sehr nettem Personal.

Geschafft? Eine halbe Stunde nichts gegessen und getrunken? Dann aber jetzt ab ins Café unterm Regenturm!

TIPP: Das Café-Restaurant Friedrich's ist der richtige Ort für eine Pause mit Blick auf das bunte Hundertwasserhaus (Unterm Regenturm 2, Tel. 07153/948655).

Adresse Unterm Regenturm 5, 73207 Plochingen // ÖPNV S 1 bis Plochingen, dann 5 Gehminuten // Öffnungszeiten 7–20 Uhr für die Besichtigung, danach gehört das Haus den Bewohnern; offene Führungen erfragen! // ab 4 Jahre

19_DER SONNENHOF

Trecker fahren

Der Sonnenhof erfreut sich zu Recht großer Beliebtheit. Der Besuch auf dem Erlebnisbauernhof ist kostenlos. Besondere Aktionen kosten dann extra. Kleine Gruppen werden gegen einen überschaubaren Obolus mit dem Traktor von der Haltestelle am Hornbach abgeholt. Da geht es kreischend im Slalom um die Obstbäume. Am Traktor hängt ein holpriger Leiterwagen. Die Fahrt macht so richtig Spaß!

Der Sonnenhof selbst ist ein Bauernhof mit Schweinen, Pferden, Eseln, Hühnern und sogar Pfauen. Es besteht die Möglichkeit, Küken beim Schlüpfen zuzusehen und Kaninchen zu füttern.

Im Sommer wird hier ein Labyrinth ins Maisfeld gemäht. Der relativ neu gebaute Hochseilgarten bedarf keiner weiteren Erklärung. In den aus Weiden geflochtenen Tunneln wird Verstecken gespielt, im Weidenpavillon wird gegrillt. Herrlich! Da ist für jeden was dabei.

Wie Pfaue balzen, ist klar, oder? Wer schlägt das Rad und wieso? Das männliche Tier schlägt die Federn zu einem großen Rad auf. Die vielen Augen, die aufblitzen, sollen das Weibchen überzeugen, dass hier »viel« zu holen ist. Ob Frau Pfau darauf anspringt?

Die Allergiker sollten sich vom Heuboden fernhalten – alle anderen können die Strohhüpfburg genießen. Mit allerlei Andenken in Haaren und Kleidung. Und zwei ausgestellte Traktoren lassen Kinderträume wahr werden, denn hier darf man selbst Traktor fahren. Ohne Motor zwar, aber mit ganz viel Spaß!

Hunger? Im Hofladen gibt es frisch gebackenes Brot, Kuchen und im Sommer Eis. Auch Blumen für zu Hause und Kräutertöpfe. Schauen Sie am besten selbst vorbei! Hier kann man nichts falsch machen.

TIPP: Ein Spaziergang über die Felder in Richtung Stadtbahnhaltestelle führt vorbei an einer Streuobstwiese zu einem kleinen schattigen Bach.

Adresse Sonnenhof 1, 70378 Stuttgart (im Navi Sonnenhof 1, 71686 Remseck eingeben), Tel. 0711/5074620, info@dersonnenhof.com, www.dersonnenhof.com // **ÖPNV** U 12 bis Hornbach, dann 2 Kilometer zu Fuß oder vom Traktor abholen lassen // **Öffnungszeiten** Mo–Fr 10–18 Uhr, Sa, So und Feiertage 9.30–19 Uhr // für jedes Alter geeignet

20_DER ROSENGARTEN

Von Bienen und Blümchen

»Rettet die Bienen! Oder lasst sie zumindest in Ruhe! Kein Gift, wir wollen Blumen!« Die Kinder haben im Rahmen der Aktion »Bastle Deine Biene« dem gesamten Remstal ein buntes Sammelsurium an Holzbienen zur Verfügung gestellt.

Die aus Holz geschnittenen Schablonen konnten von den Kindern in allen Farben und Formen angemalt werden und zieren nun das komplette Umland, ob an einer Kreuzung, in einem Kreisverkehr oder einfach entlang der Straße.

Diese Aktion ist eine von vielen, die sich für den Erhalt und Schutz der Bienen einsetzt. Und sie geht noch weiter. In Remshalden wurde im Bürgerpark eigens für die Bienchen ein Rosengarten angelegt. Hier schwirrt und summt es nur so.

Es gibt eine Bienenweide mit Imkerstation, Weinrosen und Wildrosen und eine Wildfruchthecke. Bitte vorher in die Blüte schauen, ob jemand gerade Nektar sammelt, bevor daran gerochen wird!

Im Übrigen sind Bienen eigentlich friedlich. Sie laufen in Ruhe über Hand und Arm. Sie stechen nur, wenn man versehentlich auf sie tritt oder sie angreift oder sonst irgendwie bedroht – und sie sterben nach dem Stich. Das heißt, es ist für alle Beteiligten nicht erstrebenswert. Kommt die Biene angeflogen, einfach gucken, den Kontakt genießen, sie wird nicht stechen. Sie will nur spielen!

Und es lohnt sich, genauer hinzuschauen, denn sie sehen ziemlich spannend aus mit ihren großen Augen.

TIPP: Zwei Gehminuten entfernt befindet sich der Entdeckerweg. Es lohnt sich, ihn mit seinen Holzskulpturen zu erkunden!

Adresse bienenfreundlicher Rosengarten im Bürgerpark, Schorndorferstraße, 73630 Remshalden // **ÖPNV** S 2 bis Grunbach, dann 1 Kilometer zu Fuß // **Öffnungszeiten** immer geöffnet // ab 2 Jahre

21_DER WELTGARTEN

Ein Garten von Welt und Eden

Für dieses wunderschöne Projekt sind ebenfalls Kinder und Jugendliche verantwortlich. Doch hier durften sich auch die Erwachsenen beteiligen. Die Beete des Weltgartens wurden in Form der Weltkarte angelegt. So säumt jedes Beet ein Land, einen Kontinent unserer Erde, und wurde jeweils mit landestypischen Pflanzen und Gemüsesorten bepflanzt. Längst vergessenes Urgemüse kommt hier wieder zum Vorschein. Die Idee dahinter: die Welt mit allen Sinnen greifbar, spürbar und erlebbar machen.

Gern kann man sich vor dem Besuch einmal überlegen, was wohl wo wächst. Und ob der Mangobaum denn im Ländle gedeiht. Oder die Bananenstaude. Hier kann sich der kleine Besucher in Ruhe umschauen, was denn auf den anderen Kontinenten wächst.

Was am Nord- und Südpol gedeiht, verrät ein weißer Kiesstreifen, der aber bitte nicht betreten werden soll.

Natürlich können die Besucher auch heimische Beeren, Pflanzen und Gemüsesorten entdecken. Sind alle hier angebauten Gewächse bekannt? Zaghafte Fingerchen dürfen gern auch mal pflücken und kosten. Und jeder kennt sie: die Kartoffel. Woher sie ursprünglich kommt und ihre spannende Reisegeschichte, erzählt sie hier.

Auch interessant: Der Besucher gewinnt einen Blick für die Distanzen, die die aus Israel importierten Biokartoffeln zurückgelegt haben, und kann sich selbst überlegen, was näher ist: der Bauernhof in Fellbach oder Neuseeland.

Ein lohnenswerter Besuch – von oben sieht man die Welt natürlich besser: Also ab auf Papas starke Schultern! Die Altersgrenze hierfür ist vorher mit den Eltern zu besprechen.

TIPP: Nebenan gibt es einen Wasserspielplatz, naturnah und grün lädt er zum Tummeln und Planschen ein.

Adresse Weltgarten Remshalden, 73630 Remshalden // **ÖPNV** S 2 bis Grundbach, dann 1,4 Kilometer zu Fuß // **Öffnungszeiten** immer geöffnet // ab 2 Jahre

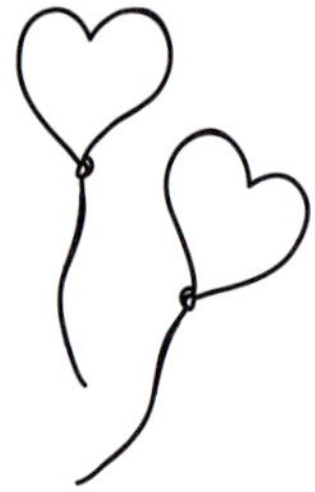

22_DER KUNTERBUNTE STADTPARK

Mit dem Esel unterwegs auf dem Weg der Familie

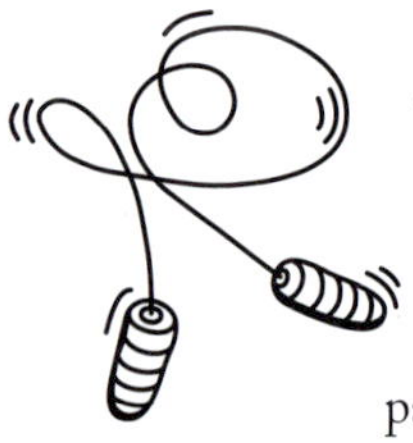

Dank der Gartenschau im Remstal sind neben Gärten, Blumenbeeten und Spazierwegen auch neue Spielparadiese für Kinder entstanden. Die Stadt Schorndorf rühmt sich eines besonders familienfreundlichen Programms.

Eine Spielblume im Stadtpark lädt zum Toben und Kindsein ein. Eine Altersbegrenzung nach oben gibt es zum Glück nicht. Wildfänge freuen sich über den Abenteuerspielplatz im Fort im Schlosspark. Und schließlich führt der »Weg der Familie« quer durch die Stadt hinauf auf den Grafenberg. Zu müde zum Selbstlaufen? Dann hilft kein Geringerer als der Esel persönlich, der die Kinder auf den Berg befördert. Hier mögen aus Tierschutzgründen aber Alters- und Gewichtsgrenze eingehalten werden.

Wer mehr will, der besucht das Klassenzimmer im Grünen. Dort geht es auf Tuchfühlung mit den Bienen. Da wird auch der Traum vom eigenen Hotel wahr: beim Bau eines Insektenhotels.

Das Figurentheater Phönix zeigt, was im Moos so alles los ist. Und im Stadtpark wird in der Sommersaison gebastelt, was das Zeug hält. Wie wäre es mit einem summenden Bienenmobile oder einem Steinkaktus? Das Wasserwesen »Grumm« braucht immer mutige Helfer, die es dabei unterstützen, seinen verlorenen Schatz zu finden. Entlang der Rems können Kinder mit Kescher und Lupe auf Expeditionen gehen.

Adresse Stadtpark Schorndorf (als Startpunkt), Gmünder Straße, 73614 Schorndorf; Programm und Veranstaltungen über stadt@schorndorf.de, Tel. 07181/6020, oder Grünes Klassenzimmer, Tel. 0711/72723461, gruekla@bwgruen.de // **ÖPNV** S 2 nach Schorndorf // **Öffnungszeiten** immer geöffnet // für jedes Alter geeignet

TIPP: Ein Besuch am Feuersee in der Innenstadt, einem idyllischen Flecken zum Aufatmen für die Eltern und zum Weiterspielen für die Kleinen, lohnt sich.

23_ DAS SEEBAD

Schwimmen und tanzen bis Sonnenuntergang

Wer gern schwimmt, schätzt es, danach nicht chlorreich gebleicht zu sein. Nicht nur deswegen ist das Seebad bei Naturfreunden beliebt. Eine natürliche Filteranlage mit einem Feuchtbiotop macht hier das Schwimmen im See auch ohne Chlor möglich. Da es sich um ein offizielles Schwimmbad handelt, sind Rettungsschwimmer und alle notwendigen Einrichtungen für einen gelungenen Tag vorhanden: Kiosk, Duschen, Tischtennis, bewachter Sprungturm, Wasserfall.

Für die Kleinen und Kleinsten gibt es einen extra abgetrennten Bereich mit Sand und flachem Wasser, einen eigenen kleinen Spielplatz und zwei Rutschen in verschiedenen Größen.

Ein optimales Ambiente für die Großfamilie mit Baby, Nichtschwimmern und Schwimmern. Hier kommt jede Wasserratte auf ihre Kosten.

Durch das verbundene Biotop können sowohl Fische als auch Wasservögel vom Steg aus beobachtet werden.

An besonders heißen Tagen ertönt durch die Lautsprecher eine freundliche schwäbische Stimme, die zum Baden bis kurz vor 21 Uhr einlädt. Und die Bahnen sind richtig lang – da lohnt sich das!

Freitags wird hier bis spät in die Nacht Livemusik geboten mit der Möglichkeit, das Tanzbein zu schwingen, mit Getränken, die vom Liegestuhl aus genossen werden können.

Einmal im Sommer gibt es ein unfassbar lautes, aber wahnsinnig witziges Sportfest, mit einer Wasserrutsche *auf* dem Wasser, die jede Menge Spaß garantiert.

Adresse Naturbad Ziegeleisee, Lortzingstraße 60, 73614 Schorndorf, Tel. 07181/96450204 // **ÖPNV** S 2 bis Schorndorf/Weiler, dann 20 Minuten zu Fuß // **Öffnungszeiten** während der Freibadsaison 9–20 oder 21 Uhr; Preise: Tageskarte Erwachsene 3,50 Euro, Kinder 2 Euro // ab Schwimmalter

TIPP: Für die Wintermonate befindet sich direkt nebenan das Oskar Frech SeeBad mit Erlebnisrutsche und Sauna.

24_DER HIMMELSGARTEN

Ein Besuch im Himmel

Der Weg in den Himmel ist gar nicht so weit. Der liegt nämlich im Ländle am Rande von Schwäbisch Gmünd. Einmal dort angekommen, weiß Kind gar nicht, was es zuerst machen soll. Vielleicht sich erst einmal einen Überblick verschaffen? Dazu dient der Himmelsstürmer. Wie viele Stufen sind es hinauf? Und wie weit man von dort schaut!

Was steht als Nächstes an? Eine Runde Minigolf? Für Kinder im koordinationsfähigen Alter auf jeden Fall ein Versuch, der sich lohnen kann. Für Minigolf sind Extra-Gebühren zu zahlen. Der Besuch des Parks an sich ist kostenlos.

Dann geht es weiter auf den Wasserspielplatz, wo nach einem Parcours über die wackeligen Holzflöße sicher niemand mehr trocken ist. Wechselkleidung mitzunehmen macht Sinn. Oder am besten gleich nackig oder in Badesachen den glitschigen Pfad überqueren.

Für Liebhaber der Steinzeit lohnt ein Besuch bei den Dinosauriern. Hier können mit ausgeliehenen Werkzeugen Steine geklopft oder Fossilien gesucht werden. Ob Knochen, Zähne oder andere Teile der Urtiere – die Ausgrabungen sind spannend und lohnenswert.

Für größere Kinder und Erwachsene bietet sich eine Tour über den »Skywalk« im Waldseilgarten an. Hier können sich die Kinder von Plattform zu Plattform hangeln, balancieren und klettern. Ein Aufenthalt dauert länger, ist eher tagesfüllend und kostet altersabhängig zwischen 15 und 18 Euro.

TIPP: Der Weleda Kräutergarten liegt nebenan und bietet außer dem kultivierten Heilkräutergarten auch ein schönes Café für eine Stärkung zwischendurch und ein naturnahes Erleben und Entdecken von Kräutercremes & Co.

Adresse für das Navi Deinbacher Straße oder Am Pflanzengarten, 73527 Schwäbisch Gmünd, Tel. 07171/770930 // **ÖPNV** ab Hbf mit Regionalexpress nach Schwäbisch Gmünd, Bus 6 Richtung Deinbach // **Öffnungszeiten** April–Sept. 9–19 Uhr (saisonabhängig) // 2–16 Jahre (abhängig von den Aktivitäten)

25_DER AKTI

Gemeinsam statt einsam

Bad Cannstatt ist nicht so elitär wie die Halbhöhenlage der Stadt. Trotzdem hat der Stadtteil viel zu bieten. Der Aktivspielplatz war ursprünglich ein soziales Projekt der Caritas e.V., um für mehr Verbindung und Gemeinschaft im Stadtteil zu sorgen. Nicht alle Familien haben einen Sinn für gemeinschaftliche Aktivitäten. Die Kinder haben also die Möglichkeit, sich auf dem »Akti« frei zu bewegen. Sie müssen sich beim Kommen nur in eine Liste ein- und beim Verlassen wieder austragen. Der Spielplatz ist für alle Kinder frei zugänglich. Eltern sind eingeladen, müssen aber nicht zwingend aufpassen, da es zwei Betreuer vor Ort gibt, die mitspielen und toben und darauf achtgeben, dass hier nichts aus dem Ruder läuft.

Angebote gibt es reichlich. Mal wird gebacken, oder es wird ein Kräutergarten angelegt. Der muss natürlich gepflegt werden.

Der Tischkicker erfreut sich maximaler Beliebtheit. Fußball, Basketball, alles kann gespielt werden. Es gibt eine Leseecke, eine Küche für gemeinsame Kochaktivitäten und ein ziemlich cooles Baumhaus.

Das Publikum ist bunt gemischt, wie unsere Stadt, wie unsere Gesellschaft. So soll es sein. Wer hier woher kommt, interessiert niemanden, sondern nur, was gespielt wird. Damit niemand ausgeschlossen wird oder es sinnlosen Streit gibt, sind Sozialarbeiter vor Ort. Liebevolles Konzept mit viel Herz!

Denn Kinder interessieren sich von Natur aus nicht für die Herkunft des anderen. Da zählt nur, ob man gut harmoniert und das gemeinsame Spiel Spaß macht. Ausgrenzung ist nicht angeboren.

TIPP: An der Liebfrauenkirche wurde ein neuer Holzspielplatz gebaut – mit einem riesigen Klettermammut!

Adresse Rippoldsauer Straße 28, 70372 Stuttgart, www.abenteuerspielplatz-seelberg.de, Tel. 0711/557894, info@aktivspielplatz-seelberg.de // **ÖPNV** U 1, U3 bis Haltestelle Uff-Kirchhof, dann 10 Gehminuten // **Öffnungszeiten** Mo–Fr oder Di–Sa (wöchentlicher Wechsel) 13–18 Uhr, Fr bis 17 Uhr, Sa und in den Ferien schon ab 11 Uhr // ab 3 Jahre

26_DER KLETTERPFEILER

Wer sich duckt am Viadukt

Ist zugucken besser als selbst ausprobieren? Das kommt darauf an, ob der Zuschauer Höhenangst hat. Willkommen am Viadukt in Cannstatt. Der 18 Meter hohe Sandsteinpfeiler ist ein Überbleibsel einer alten Eisenbahnbrücke und nicht nur deswegen spannend anzusehen, sondern vor allem wegen der mutigen Kletterer, die sich überwiegend nach Feierabend hier tummeln wie Waldameisen an einem Baumstamm.

Am Kletterpfeiler unmittelbar neben dem Spielplatz Neckarine hängen und hangeln sich todesmutige Kletterer die Steinmauer empor. Da ist zuschauen genauso faszinierend wie selbst klettern.

Setzen Sie Ihren Nachwuchs mit Blick nach oben auf die Wiese. Auch auf die Gefahr hin, dass danach das kleine Genick verspannt ist – die Aufregung beim Zugucken toppt jeden Trickfilm. Und für den Aufenthalt an der frischen Luft ist auch gesorgt. Hier klettern Könner, die sich mit Sicherung und Knoten auskennen.

Die Kleinen haben Feuer gefangen und wollen auch mal? Der Alpinverein bietet Schnupperklettern und -bouldern für Kinder und Familien in und um Stuttgart an. In weniger schwindelerregenden Höhen, mit Netz, doppeltem Boden und Matte!

Die wichtigsten Knoten schon vorab: Sie heißen doppelter Achter, doppelter Bulin, Halbmastwurf, Prusik und Sackstich. Da das Gehirn nicht zwischen erdachten Bildern und tatsächlich Erlebtem unterscheiden kann, hilft hier auch, die Augen zu schließen und sich in die Höhe zu denken. Auf geht's.

Adresse Cannstatter Pfeiler, Hofener Straße, 70374 Stuttgart (unter dem neuen Eisenbahnviadukt) // ÖPNV U 2 bis Haltestelle Gnesener Straße // ab 5 Jahre

TIPP: Die Haltestelle des Neckar-Käpt'n ist nicht weit entfernt und lädt zu einer Bootsfahrt auf dem Neckar ein.

27_DIE KULTURINSEL

Subkultur zwischen Bahnhof und Inselgrün

Die Kulturinsel in Bad Cannstatt befindet sich auf dem Gelände eines alten Güterbahnhofs und hat das Umfeld mit seinem morbiden Charme in ein ganz herrliches Stadtteilprojekt verwandelt. Hier ist immer Stimmung – für Groß und Klein, Jung und Alt.

Das Urban-Gardening-Projekt Inselgrün bietet nicht nur für Schmetterlinge und Bienen ein Paradies zwischen Betonplatten, sondern schafft auch für die Cannstatter und seine Besucher ein wenig Grün und frische Luft inmitten der Stadt.

Ob Autoreifen, alte Badewannen oder Paletten-Möbel: Sie sind geplant, bewusst und akribisch-zufällig zusammengewürfelt und mit Blumen, Kräutern und Gemüsesorten bepflanzt.

Im Innenraum findet mal eine Ausstellung, mal ein Tanz- oder Zeichenkurs für Groß und Klein statt. Bei Veranstaltungen tummelt sich alles im Innenhof, und es gibt neben selbst gemachtem Eis Hintergrundmusik aus allen Sparten.

Die Kulturinsel hält sich tapfer im Kampf gegen die Einäscherung. Denn hier soll Bauland entstehen. Der Verein um die naturliebhabenden kreativen Köpfe freut sich daher über Zuwachs, Spenden und starke Stimmen, die wissen: Nicht nur die Bienen wollen es grün, auch die Schmetterlinge und die Kinder!

Zum Saisonstart darf sich jeder am Pflanzen und Erschaffen beteiligen und so seine eigene kleine Palette gestalten. Und natürlich wird die bunt bemalt.

Und an den Wochenenden legt für die Eltern immer mal wieder ein DJ auf. Praktisch: Es geht schon nachmittags los, somit können Kind und Kegel mit und nebenbei gärtnern und werkeln.

TIPP: Gegenüber befindet sich ein kleiner Skate- und BMX-Park.

Adresse Inselgrün, Güterstraße 4, 70372 Stuttgart, www.kulturinsel-stuttgart.org, info@kulturinsel-stuttgart.org // **ÖPNV** S1, S2, S3 bis Haltestelle Bad Cannstatt Bahnhof, dann einen Kilometer zu Fuß // **Öffnungszeiten** immer geöffnet // ab 3 Jahre

28_DAS KULTURKABINETT

Schauspieler mit grünen Daumen und theaterspielende Gärtner

Hier wird einiges geboten – für Klein und Groß. Theaterveranstaltungen und Ausstellungen für ältere Kinder ebenso wie für kulturell interessierte Zwerge im Kindergartenalter. Früh übt sich, wer ein Gärtner oder Selbstversorger werden will.

Der gemeinnützige Verein Kulturkabinett hat viele spannende Projekte parat. So gibt es in der Pflanzsaison von März bis Oktober die Möglichkeit für acht- bis zwölfjährige Stadtkinder, der Natur beim Werden und Vergehen zuzusehen und dabei richtig mitzuackern.

Dem Kulturkabinett steht hierfür ein Stück Gartenland zur Verfügung, und eine Theaterpädagogin führt die kleinen grünen Daumen durch den Nachmittag: mit Märchen, Liedern und Gedichten rund um das Thema Pflanzen. Kindgerecht, verspielt und nah an der Natur und dem Erleben derselben.

Wenn die Gartenarbeit getan ist, macht sich die Gruppe auf zu abenteuerlichen Wanderungen in der Umgebung. Dann wird eine Kräuterküche errichtet, und dort werden Öle, Salben, Tees und Speisen zubereitet. Köstlich!

Wer lieber Theater spielen möchte, ist hier ebenfalls richtig, auch Eltern können sich einbringen und in eine Rolle schlüpfen.

Adresse KKT – Kulturkabinett, Kissinger Straße 66a, 70372 Stuttgart, Tel. 0711/563034, kbb@kkt-stuttgart.de, www.kkt-stuttgart.de // ÖPNV S 2, S 3 bis Nürnberger Straße, dann 8 Gehminuten, oder U 1, U 13 bis Haltestelle Uff-Kirchhof, dann 4 Gehminuten // Öffnungszeiten Fr 14.30–17.30 Uhr (außer in den Ferien), Anmeldeformular für die »Pflanzenkinder« über die Website // 8–12 Jahre

TIPP: An der Ecke Waiblinger Straße, Kreuznacher Straße ist ein neuer Fitnessparcours entstanden. Für Kinder gibt es Trampoline!

29_DIE OLDTIMERLINIE

Unterwegs in Stuttgart zwischen Pferd und Düsenjet

Transportmittel jedweder Art sind bei Kindern seit jeher das reinste Faszinosum. Hauptsache, es bewegt sich, egal, ob Bagger oder Bahn oder sportlicher Rennwagen.

Was bietet sich also an einem regnerischen Tag mehr an als ein Besuch im Straßenbahnmuseum? Wenn die Stuttgarter Verkehrsbetriebe auch immer wieder Haue einstecken müssen, so ist das Museum doch einen Besuch wert und offeriert eine gelungene Ausstellung, die bis ins Jahr 1868 zurückreicht.

Wie hat man sich fortbewegt? Hü und hott! Damals war die Straßenbahn noch als Pferdebahnwagen unterwegs. Da bekommt das Wort Pferdestärke eine ganz greifbare Bedeutung. Und mit wie viel PS donnern die Bahnen heute durch unsere Stadt?

Auf verschiedenen Themeninseln erfahren die Kinder, Eltern, Tanten, Onkel und Großeltern alles über die Entwicklung und Technik der Straßenbahngeschichte. Ein eigens für Kinder aufgebauter Spielbereich lädt zum Modelleisenbahnspielen ein.

Gesondert gibt es außerdem eine Ausstellung der Omnibusse. Doch der Knüller ist natürlich die Zeitreise mit der berühmten Linie 23. Die Oldtimerlinie bummelt immer sonntags vom Museum quer durch die Stadt und lässt ihre Fahrgäste in historische und nostalgische Momente eintauchen. Vorbei an Schlossplatz und Charlottenplatz geht es weiter zum Eugensplatz und über das Bubenbad nach Ruhbank. Die Sommernachtsfahrt ist ebenfalls eine tolle Idee und Teil des Veranstaltungsprogramms. Hier findet jedes Jahr im Sommer ein Ausflug in nostalgische Zeiten statt.

TIPP: Der Veielbrunnenpark in der Frachtstraße bietet eine bunt blühende Grünfläche für eine Extraportion Sauerstoff.

Adresse Straßenbahnmuseum Stuttgart, Veielbrunnenweg 3, 70372 Stuttgart, Tel. 0711/78857770, info@strassenbahnmuseum.com, ssb-ag.de // **ÖPNV** U 1 bis Haltestelle Mercedesstraße, dann 7 Gehminuten, oder S 1, S 2, S 3 bis Haltestelle Bad Cannstatt, dann 4 Gehminuten // **Öffnungszeiten** Mi, Do 10–16 Uhr, So 10–18 Uhr; Preise: Museum: Kinder bis 6 Jahre 1 Euro, ermäßigt 3,50 Euro, Erwachsene 5 Euro, Familien 12 Euro; Fahrt mit der Linie 23 immer sonntags: einfache Fahrt ermäßigt 3,50 Euro, Erwachsene 4,50 Euro // ab 3 Jahre

30_DIE PAPAGEIEN VON CANNSTATT

Wilhelm und Wilhelmine

Natürlich war jeder Stuttgarter schon in der Wilhelma. Vermutlich sogar mehrfach.

Den Pflegern der Wilhelma zufolge sind die Tiere, die aktuell dort leben, seit Generationen da, das heißt, sie kennen die Wildnis gar nicht und leben schon immer eingesperrt.

Sehenswert sind die Mammutbäume auf der Picknickwiese, die seit einer gefühlten Ewigkeit dort zu wachsen scheinen. Die Affenkinderstation ist auch ein Erlebnis, denn die Jungtiere sind so neugierig und anhänglich wie Menschenkinder. Prädikat niedlich! Wen das alles ziemlich kaltlässt, das sind die Papageien: Die haben zwar laut Pass ihren Hauptwohnsitz in der Wilhelma, sind aber schon längst auf eigenen Flügeln unterwegs und drehen kreischend ihre Kreise einmal quer durch Bad Cannstatt, wo sie mit Vorliebe in Walnussbäumen sitzen und die darunter parkenden Autos mit ihren Haufen übersäen. Man erkennt sie am Geräusch: Wenn es krächzt, einen Blick zum Himmel werfen und schließlich die grün gefiederten Gelbkopfamazonen beobachten! Und in Deckung gehen, auch wenn Vogelkacke angeblich Glück bringt!

Wie kam es überhaupt zum Auszug der bunten Amazonen? Ganz klar: der Freiheitsdrang. Ein zu großes Loch im Netz, das den Vogelkäfig begrenzt, und weg waren sie. Anfänglich kamen sie noch zurück in die Wilhelma, zumindest zu den »Essenszeiten«. Doch mit der Zeit haben sich die Federviecher ein eigenes Leben aufgebaut und eben ihre WG im Walnussbaum gegründet.

TIPP: Auch am Café Luv in Bad Cannstatt kann man die Papageien beobachten. Bierdeckel auf den Kakao legen (www.cafe-luv.de)!

Adresse rund um die Wilhelma und in ganz Bad Cannstatt // **ÖPNV** U 14 bis Haltestelle Wilhelma // **Öffnungszeiten** Wilhelma täglich ab 8.15 Uhr, Schließung saisonabhängig zwischen 16.30 und 20 Uhr; Preise: im Durchschnitt 20 Euro pro Erwachsener, 8 Euro pro Kind, Vergünstigungen im Abend-, Winter- und Gruppentarif // für jedes Alter geeignet

31_DER RAPUNZEL-TURM

Auf Irrwegen durch den Kurpark

Der Kurpark ist oft nur unter Cannstattern bekannt und doch so verzaubert, dass auch die Prinzen und Feen aus der Innenstadt einmal vorbeischauen könnten. Es lohnt sich. Zwischen den Beeten hindurch winden sich alte Treppen auf die unterschiedlichen Ebenen des Parks. Vorbei an Wasserbecken hin zum Pavillon, der sicher einmal das Zuhause einer Prinzessin war.

Unter der riesigen Blutbuche kann man wahlweise picknicken, sich vor dem Regen schützen, Verstecken spielen oder auf die dicken Äste klettern. Wie alt die wohl ist? Überhaupt beheimatet der Kurpark viele sehr alte Bäume. Wie viele Kinderarme braucht man, um den Stamm zu umfassen? Wie erkennt man das Alter eines Baumes?

Doch das Geheimnis des märchenhaften Parks geht noch viel weiter. Und es ist wirklich so geheim, dass es niemand kennt. Denn wer ahnt schon, dass der originale Rapunzel-Turm ausgerechnet in Stuttgart mitten im Kurpark von Bad Cannstatt steht?

Eine verwunschene Treppe führt vorbei an einem Kräutergarten. Dabei handelt es sich sicher um den Kräutergarten aus dem Märchen, in dem die Rapunzeln (heute als Feldsalat bekannt) gewachsen sind. Der Rest des Märchens ist ja bekannt. Und dort steht er – der Turm, im Original und fest verschlossen. Hier kann man nach Rapunzel rufen. Ob sie noch dort wohnt? Vielleicht, mit viel Glück, sieht man hinter dem oberen Fenster ihr blondes Haar. Mit viel Phantasie, die ja alle mitbringen, hört man sie vielleicht sogar singen.

Adresse Kurpark Bad Cannstatt, Eingang Memminger Straße 4 oder Wiesbadener Straße, 70374 Stuttgart // ÖPNV S 2, S 3 bis Haltestelle Nürnberger Straße, dann 15 Gehminuten, U 2 bis Haltestelle Gnesener Straße, dann 3 Gehminuten, oder U 1, U 13 bis Haltestelle Uff-Kirchhof, von dort 5 Gehminuten // für jedes Alter geeignet

TIPP: Unterhalb des Turmes befinden sich ein saisonal geöffneter Minigolfplatz und das Miniatur-Daimler-Museum.

32_DER SCHLAFENDE RIESE

Wildes Treiben auf der Futterwiese im Rosensteinpark

Schönheit liegt im Auge des Betrachters. Phantasie auch.

Den Rosensteinpark kennt jeder. Das Naturkundemuseum am Löwentor mit dem riesigen Dinosaurier, den Spielplatz mit der extralangen Riesenrutsche auch – auf der man übrigens schneller rutscht, wenn man vorher Sand vom Spielplatz reinschmeißt. Haben die Kinder entwickelt: Sand reinwerfen, rutschen, und an der Öffnung schießt Ihnen Ihr Kind wie ein Korken in die Arme!

Die Wiesen im Park sind im Sommer leider nur im abgemähten Zustand zum Picknicken und Toben geeignet. Wenn Blumen und Gräser sprießen und die Allergiker weinen, freuen sich die Tiere der Wilhelma, denn die sogenannten Futterwiesen werden abgeerntet, und das Gras wird den Tieren im Zoo serviert.

Doch wo hält sich nun der Riese versteckt? Er liegt und döst mitten auf der Wiese – ein riesiger vom Sturm umgestürzter Baum. Oberhalb des Naturkundemuseums Schloss Rosenstein, unterhalb des Spielplatzes, ziemlich mittig – man erkennt ihn, wenn man den Blick der Zwerge hat. Manchmal schnarcht er auch. Aber er ist freundlich. Nur die Bauarbeiten unter ihm, die stören ihn. Es kitzelt immer so, wenn jemand baggert, erzählt er. Er ist gefällig, auf ihm kann man klettern oder sich hinter ihm verstecken. Wenn man genau hinsieht, wohnt in seinem ausgehöhlten Stamm ein kleines Tier. Übrigens sind im Park trotz Baulärm auch Siebenschläfer zu Hause!

Adresse Rosensteinpark Stuttgart, Rosenstein 1, 70191 Stuttgart, Eingang am Löwentor oder oberhalb der Wilhelma // **ÖPNV** U 13, Haltestellen Löwentor oder Rosensteinpark, U 12, Haltestelle Nordbahnhof // **Öffnungszeiten** Der Park ist immer geöffnet, und der Riese ist auch meistens zu Hause. // ab 2 Jahre

TIPP: Am Rande des Parks kann man zum »Schwabentarif« ein paar Tiere der Wilhelma beobachten. Am besten geht man hier der Nase nach, denn je näher man kommt, desto mehr riecht es nach Zoo.

33_DIE STADIONTOUR

Applaus für die Kleinsten

Rot-weiß oder weiß-rot sind hier nicht die Pommes! Sondern die grölende Fangemeinde, die in puncto Geschlecht und Alter völlig heterogen durch die Stadt zum Stadion strömt.

Früh übt sich, wer ein Meister werden will. Oder wer es zumindest versuchen möchte. Auf geht es zum Stuttgarter Fußballclub VfB.

Für die Jungs, die Fußball ab der ersten Klasse als Hauptfach belegt haben, gibt es hier ein Internat. Da trainieren die Kleinen mit den Großen. Kennen Sie den Namen des vorbeihuschenden Fußballprofis? Nicht? Macht aber nichts, denn das Gesicht kennt man immerhin von irgendwoher.

Kinder sind da fitter – und deshalb gibt es eigens für sie die Kids-Tour durch das Fußballstadion des VfB. Und ja, die Eltern dürfen auch mit!

Ab geht's in den Tunnel, in die Umkleidekabine, und gejubelt wird beim Torwandschießen. Bei dieser interaktiven Tour kommen die kleinen Kicker voll auf ihre Kosten. Alles nah, zum Anfassen und einfach ziemlich cool. Einmal durch die Katakomben wie die ganz Großen. Was für ein Erlebnis.

Ab zwei Personen kann die Tour gebucht werden. Feste Termine finden jeden Sonntag um zwölf Uhr statt. Die Runde dauert 90 Minuten. Das weiß-rote Prädikat der Kinder danach: »Boah, war das cool!« Nach Hause geht jeder mit einer Urkunde. Das kann schöner nicht laufen.

TIPP: In der Unterführung hinter dem MB-Museum Richtung Neckar sind die Fliesen als eine bunte Bildertour gestaltet.

Adresse Mercedes-Benz Arena, Mercedesstraße 87, 70372 Stuttgart, Kontakt: buchen über www.shop.vfb.de/erlebnisse oder Tel. 0711/55007604 // **ÖPNV** Bus 56 ab Bad Cannstatt bis NeckarPark (Stadion) // **Öffnungszeiten** jeden So um 12 Uhr, Führungen für private Gruppen, zum Beispiel im Rahmen eines Kindergeburtstags, finden fast täglich statt; wichtig: bitte vorher buchen // Kinder unter 14 Jahre in Begleitung eines Erwachsenen

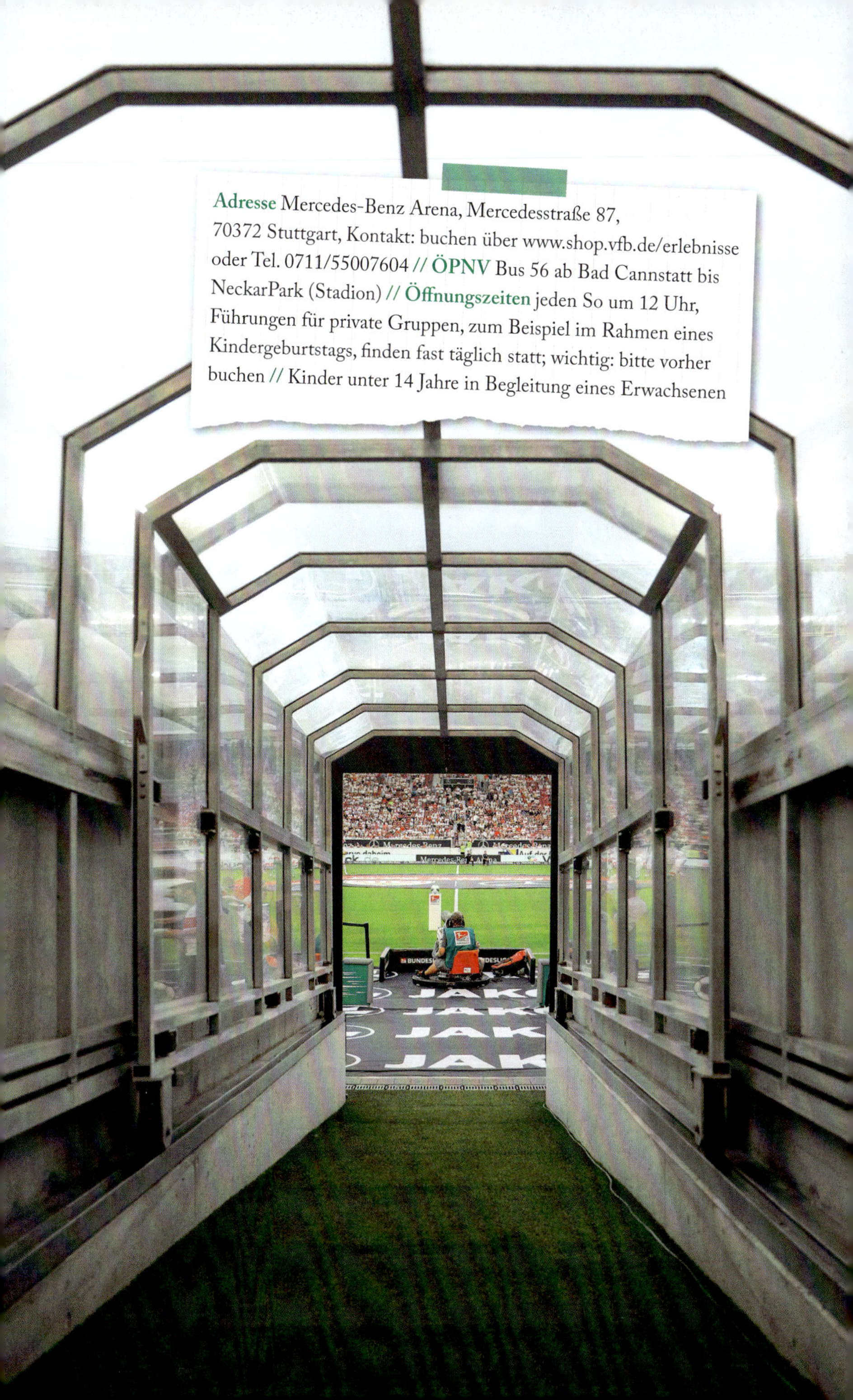

34_DAS STEUERRAD

Ahoi auf der Neckarine

Für die einen ist es ein Spielplatz, für die anderen ein Abenteuer: ein Schiff, ein Raumschiff, mit Kajüten und Kombüsen, mit Matrosen und natürlich mit dem Kapitän. Mit Blick auf den Neckar liegt die Neckarine vor Anker, ein in Sand und Rasen eingegrabenes Schiff aus Holz. Mit Backbord und Steuerbord, mit einem Aussichtsturm und Fernrohr. »Da, der Feind! Piraten!« Auch wenn es nur der Dampfkessel der Stromfabrik von gegenüber ist. Wo Gefahr droht, muss die Besatzung ran!

Kein gutes Schiff ohne gute Küche. Im hinteren Teil befindet sich die »Sandküche« mit Sieben und Schüsseln – leckere Löwenzahnsuppe und Sandkuchen sind wichtig, um Skorbut vorzubeugen und die lange Reise auf dem Neckar zu überstehen.

Wenn dann tatsächlich ein Frachtschiff vorbeitutet, ist der Phantasiefilm perfekt. Auf der Holzplattform, die direkt am Ufer liegt, kann man der vorbeiziehenden Besatzung zuwinken. Enten und Schwäne schnattern fröhlich, was übersetzt so viel heißt wie: »Bitte füttert uns nicht mit Laugenbrezeln und Brötchen!«

Am Uferweg unterhalb des Schiffes gibt es kleine Wasserinseln mit echtem Sand zum Planschen für die Füße. Aber nur mit den Eltern am Wasser spielen – der Neckar ist ein reißender Strom wie der Nil und wie alle anderen wilden Flüsse, auf denen Piraten und Seeräuber unterwegs sind!

TIPP: Durstig? Am Kursaal befindet sich einer der Trinkwasserbrunnen von Bad Cannstatt. Das schwefelhaltige Wasser ist nicht jedermanns Geschmack, aber immerhin bleibt ein Gefühl von Piratenleben, wenn man die Feldflasche auffüllt.

Adresse Hofener Straße 78, 70372 Stuttgart // **ÖPNV** U 2, U 19, Haltestelle Gnesenerstraße, dann 5 Minuten zu Fuß // **Öffnungszeiten** rund um die Uhr geöffnet // ab 1 Jahr

35_DIE TIER-WG

Amsel, Drossel, Fink und Star

In dieser Wohngemeinschaft heißt es: Natur pur. Und das mitten in Bad Cannstatt. Wer hätte das gedacht?

Die Kleinsten kommen mit ihren Eltern, Kinder ab sechs Jahren dürfen sich auf dem Stadtteilbauernhof schon allein einbringen. Und hier gibt es schließlich eine ganze Menge zu tun.

Wer viel isst, der muss auch viel verdauen. Also wird gemeinsam gefüttert und dann natürlich auch ausgemistet. Welche Tiere hier wohnen, wird bei einem Besuch schnell klar.

Schon einmal einen Huf beschlagen? Tut das dem Pferd weh? Oder ein Schaf geschoren? Wie fühlt sich das wohl an?

Und wenn die Arbeit getan ist? Dann wird gespielt! Ob Hütte bauen, werkeln, reiten, Traktor fahren, klettern, kickern oder gärtnern, sogar Hobbyköche kommen hier auf ihre Kosten und können den Kochlöffel schwingen.

Auf dem Hof stehen immer Betreuer zur Verfügung, falls es mal ein Problem gibt. Alles zum Schwabentarif und ohne Anmeldung. Einzige Bedingung: Klamotten, die dreckig werden dürfen. So richtig dreckig.

Wochentags gibt es hier ein offenes pädagogisches Programm. Und die Samstage stehen ganz im Zeichen der Familie. Dazu gibt es immer ein wechselndes Motto, ein bestimmtes Thema, das im Mittelpunkt steht, außerdem Köstlichkeiten im Hofcafé. Der Kuchen ist natürlich selbst gebacken.

Für die Kinder gilt: Komm, wie du bist, fühl dich wohl, bring dich ein und mach dich ruhig schmutzig! Gilt im Übrigen auch für die lieben Eltern. Seien Sie mutig, machen Sie sich dreckig! Suhlen Sie sich mit dem Nachwuchs!

TIPP: Ein Spaziergang vorbei am Klinikum in Richtung Fellbach führt zu einem kleinen Bach und Streuobstwiesen.

Adresse Stadtteilbauernhof – mit Tieren leben e. V., In den Wannenäckern 27, 70374 Stuttgart, Tel. 0711/9079718, team@stadtteilbauernhof-stuttgart.de // **ÖPNV** S 2, S 3 bis Haltestelle Nürnberger Straße, dann 10 Gehminuten // **Öffnungszeiten** April–Okt. während der Schulzeit Di–Fr 14–18 Uhr, Sa 10–18 Uhr, in den Ferien Mo–Fr 11–18 Uhr, Nov.–März während der Schulzeit Di–Fr 13–17 Uhr, Sa 10–17 Uhr, in den Ferien Mo–Fr 10–17 Uhr // ab 1 Jahr

36_DER TRINKWASSER-BRUNNEN

Da saß die Königstochter am Brunnen und spielte …

… mit ihrer goldenen Kugel. Wie geht das Märchen weiter? Das weiß jedes Kind, oder? Es ist das Märchen vom Froschkönig. Doch was, wenn es noch eine andere Geschichte zum Brunnen gibt? Warum heißt Bad Cannstatt eigentlich *Bad* Cannstatt. Richtig, es war früher ein Kurbad. Zum Teil ist es das noch. Am Kursaal wird Genesung großgeschrieben. Neben drei Mineralbädern gibt es hier auch diverse Mineralbrunnen, die sich quer durch Bad Cannstatt verteilen.

Der bekannteste befindet sich mitten im Park kurz vor dem Eingang zum Mineralbad Leuze. Gegenüber dem Mineralbad Cannstatt befindet sich der nächste. Verdursten muss hier keiner.

Überall stehen die Inhaltsstoffe des Wassers, die Mineralien, angeschrieben. Das Wasser ist Trinkwasser, und nicht selten füllen Besucher ihre Flaschen auf. Wie viel von dem Wasser getrunken werden kann, steht ebenfalls dabei. Doch es ist nicht jedermanns Gusto, und für Kinder schmeckt es eher nach Pups, weil es sehr schwefelhaltig ist.

Wenn all diese Orte schon bekannt sind, dann auf ins Getto, in Richtung Bahnhof, die Daimlerstraße entlang und einmal rechts abbiegen. Dort, wo Bad Cannstatt am wenigsten schön ist, befindet sich ganz versteckt, gegenüber einer alten Fabrikhalle, ein weiterer Trinkbrunnen mit Sitzbänken und einem schönen großen Baum. Hier schlummert auf einer Mauer ein gepanzertes Tier und döst in der Sonne. Unübersehbar liegt sie da: die Landschildkröte. Wenn auch nur aus Stein.

Adresse Veielbrunnenweg 3–14, 70372 Stuttgart // **ÖPNV** S1, S2, S3 bis Haltestelle Bad Cannstatt, dann 5 Gehminuten // ab 2 Jahre

TIPP: Wer es offizieller mag, der geht zum Polizeibrunnen, einem weiteren Trinkbrunnen. Mitten auf dem Marktplatz in Bad Cannstatt, am FON Institut, befindet sich die für Recht und Ordnung sorgende Trinkwasserstelle!

37_DER WASSER-SPIELPLATZ AM STADTSTRAND

Spuren im Sand

Wo bitte geht es denn hier zum Strand? Ja, das kann man durchaus gefragt werden. Gar nicht weit vom Wasen und in der Nähe vom Bahnhof Bad Cannstatt befindet sich in den Sommermonaten der Stadtstrand. Sand, Liegestühle, Musik und eine kleine Kneipe. Am Abend kann man lässig im Liegestuhl liegend der Sonne beim Untergehen hinter Schloss Rosenstein zusehen. Okay, realistisch gesehen geht sie hinter der Stuttgarter Dauerbaustelle unter. Muss man sich den Rest halt schöndenken. Die romantische Fußgängerbrücke musste ebenfalls weichen – aber wir blinzeln in die Sonne und lassen uns nicht unterkriegen.

Klatschen und jubeln nicht vergessen, wenn die Sportler am unteren Rand des Strandes Körbe werfen. Ein Basketballplatz gehört hier zur Location.

Wohin mit den Kleinen? Na, die toben auf dem Wasserspielplatz nebenan. Dort heißt es von Mai bis Oktober: »Wasser marsch!« Über ein Steinplateau ergießen sich aus zwei Brunnen die herrlichsten Wassermassen, die zu Staudämmen aufgetürmt werden können – und beim Öffnen der »Schleusen« mitten in ein großes Sandbecken fließen. Das ist dann der beste Platz, um sich gepflegt zu suhlen. Zu kalt zum Planschen? Es gibt einen riesigen Kletterturm, der über die geschwungene Rutsche erreicht werden kann. Genießen Sie Ihren Sundowner mit den Füßen im Sand, während Ihr Kind selig im feuchten Nass tobt! Ein Ort für Jung und Alt, der für Zufriedenheit sorgt.

TIPP: Entlang des Neckars führt ein Radweg bis zum Max-Eyth-See. Ein schöner Ausflug.

Adresse Seilerwasen 6, 70372 Stuttgart // **ÖPNV** S 1, S 2, S 3 bis Haltestelle Bad Cannstatt, dann 5 Gehminuten // **Öffnungszeiten** Spielplatz ganzjährig geöffnet, Wasserlauf und Biergarten saisonal, circa Mai–Okt. // für jedes Alter geeignet

38_DER FÖRSTER

Bewachtes Spielen an der S-Kurve

Es gibt sicher günstiger gelegene Spielplätze in der Stadt, aber Kinder sind da ja zum Glück unkompliziert und freuen sich über jede noch so dahingezimmerte Spielgelegenheit.

Familien, die am Bopser zu Hause sind, werden den Spielplatz, der sich um die S-Kurve windet, sicher kennen und mal eben schnell nach der Arbeit aufsuchen. Wer im Stau steht, kann hier Pause machen und eine Runde schaukeln gehen. So kann die Lebenszeit sinnvoll genutzt werden, und der Stau ist irgendwann auch vorbei.

Es gibt eine Seilbahn, eine Schaukel und viele andere Spielmöglichkeiten. Alles ganz toll für die Kleinen. Auch ein Aufpasser ist vorhanden. Denn einer muss ja genau hinschauen, wenn in Straßennähe getobt wird. Auf diesem Spielplatz hält der Förster persönlich Wache, damit nichts passiert. Wer das ist?

Na, der riesige Typ in Grün mit seinem grünen Jägerhütchen. Als Maskottchen steht er bei Wind und Wetter am Spielplatz und schaut auf die Kleinen und Kleinsten. Die Geschichte, die dahintersteckt, ist, dass der Förster das Eichhörnchen sucht: Überall gibt es übergroße Waldtiere, denen der Förster folgt, um am Ende das Eichhörnchen zu finden. Weitsicht gefällig? Dann ist ein Picknick auf dem Teehaus Pflicht. Hier gibt es zum Toben oder Spielen tatsächlich nur den Hügel, auf dem gerannt und heruntergerollt werden kann. Die Aussicht schätzen die Eltern sicher mehr: ein wunderschöner Platz für jedermann mit 360-Grad-Panoramablick über die Stadt. Abends wird es romantisch, denn da schaut man sich liegend den Sternenhimmel an.

TIPP: Der Bopserwaldspielplatz mit Grillstelle befindet sich unweit der Haltestelle Weinsteige.

Adresse Neue Weinsteige 151, 70180 Stuttgart // ÖPNV U5, U6, U7, U12 bis Haltestelle Bopser, dann über die Straße // Öffnungszeiten immer zugänglich // ab 1 Jahr

39_ DIE SAU IM ROTWILDGEHEGE

Wildschwein, Hirsch & Co.

Spätestens seit Bambi und Klopfer ist es doch eigentlich normal, dass man einmal im Leben ein Reh streicheln möchte, oder?

Möglichst in der freien Natur. Das Reh sieht einen, freut sich und kommt langsam auf einen zu. So stellt man sich das als Kind zwischen null und 60 Jahren vor, oder etwa nicht?

Tatsächlich gibt es scheue Wildtiere, die sich in Schrebergärten verirrt haben, dort die Besucher als Rudel (beziehungsweise Sprung) anerkennen und immer mal wieder zu Besuch kommen, wobei sie einen respektvollen Abstand einhalten.

Was tun, wenn man nicht zum auserkorenen Rudel gehört?

Ein Besuch im Rot- und Schwarzwildgehege mag hier Abhilfe schaffen. Seit den 1930er Jahren steht der Rot- und Schwarzwildpark unter Naturschutz. Neben idyllischen Liegewiesen, Grillhütten und diversen Spielplätzen gibt es hier Hirsche, mit denen man auf Tuchfühlung gehen kann. Inwieweit die Wildtiere den Kontakt mit Menschen zulassen, bleibt ihnen überlassen. Aber man kann sie zumindest aus der Nähe sehen.

Füttern? Keinesfalls Brezeln und Co! Was essen die Wildtiere denn eigentlich? Sie mögen alles, was im Wald wächst: Gräser, Rinde, Blätter und teilweise auch Feldfrüchte, Eicheln und Kastanien. Also gern im Herbst die gesammelten Kastanien zum Gehege bringen.

Interessierte können sich den historischen Saufang-Pavillon aus dem Jahr 1843 anschauen. Man möchte lieber nicht länger darüber nachdenken, was damals dort so alles gegrunzt hat!

Adresse Wildparkstraße, 70197 Stuttgart, www.stuttgart.de // **ÖPNV** S- und U-Bahn bis Haltestelle Feuersee oder Rotebühlplatz, anschließend Bus 92 bis Haltestelle Metzgerhau, dann 1,5 Kilometer zu Fuß // **Öffnungszeiten** ganzjährig frei zugänglich, Eintritt frei // ab 2 Jahre

TIPP: Sowohl das Bärenschlössle als auch der Bärensee sind Teil des Wildparks und erfreuen sich nicht umsonst großer Beliebtheit.

40_DER WALD DER FORSCHER-ZWERGE

Von fliegenden Fischen und Sportskanonen

Das Max-Planck-Institut liegt idyllisch in Büsnau. An den Parkplatz schließt sich ein herrlicher und vor allem stiller Wald mit einem Trimm-dich-Pfad an. Laufen, radeln, joggen – alles möglich. Dazu ist es sehr ruhig. Allerdings drehen hier viele Hundebesitzer gern ihre Runden.

Fundstücke aus Holz sind reichlich vorhanden, die man später zum Bauen von Bilderrahmen oder Garderoben verwenden kann.

Der Spazierweg vorbei an der Schranke führt zum See, in dem zwar leider nicht gebadet werden kann – aber immerhin gibt es springende Fische. Und sitzt man eine Weile still auf der Bank, kann man die auch beobachten.

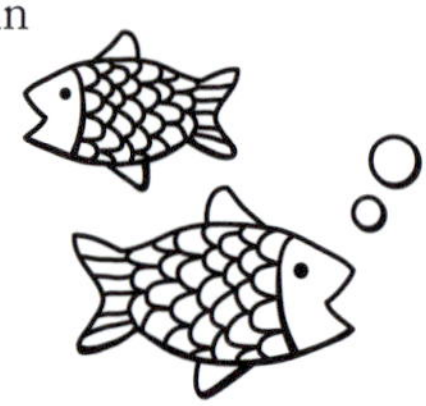

Vom Steg aus schaut man herrlich in die Sonne und kann ihr beim Untergehen hinter den Baumwipfeln zusehen oder beispielsweise picknicken.

Wer neugierig auf die Forscher im Institut nebenan geworden ist, kann dort zwar leider nicht einfach klingeln, sich aber über das Kinderhaus element-i bei den Forscherzwergen anmelden und mal tief ins Reagenzglas oder ins Mikroskop schauen.

Was hier untersucht wird, erfahren die Forscherzwerge selbstverständlich erst vor Ort im Labor. Wissenschaft ist schließlich ein Geheimnis für sich und hier den Kindergartenkindern vorbehalten.

Adresse Heisenbergstraße 3, 70569 Stuttgart // ÖPNV S 1, S 2, S 3 bis Haltestelle Universität, dann Bus 91, 92, 747, 748 bis Haltestelle Max-Planck-Institut // Öffnungszeiten Anmeldungen unter www.element-i.de // ab 3 Jahre

TIPP: Das Kinderhaus in Büsnau bietet ein breites Programm mit Kino und Theater.

41_DAS CAFÉ AM RANDE DER STADT

Heißer Kaffee für starke Nerven

Mütter in Möhringen, Degerloch und Vaihingen haben nicht den städtischen Luxus von kinder- oder familienfreundlichen Cafés, in denen sie sich zum Plausch treffen können, ohne sich über Stufen oder Treppen und vorbei an gerümpften Nasen zu arbeiten. Dinge, an die Kinderlose gar nicht denken. Umso schöner, wenn es kinderfreundliche Betreiber gibt, die sich Gedanken machen, was der Mama von heute guttut.

Dankbar wird daher von der Elternschaft das Angebot der Bäckerei Treiber in Degerloch angenommen, weil es hier einen Spielbereich für die Kleinen und Kleinsten und sogar Schiebetische für die Zwerge gibt, auf denen allerlei ausgetüftelt werden kann. An einem großen runden Tisch können Mütter, die dringend einen Kaffee brauchen und diesen nach Möglichkeit auch noch heiß und frisch genießen möchten, einfach mal entspannt plaudern. Für die einen ist es nur ein weiterer Bäcker, für die anderen die Chance auf einen starken Kaffee in bester Gesellschaft. Ein Nachbarschaftstreff für Mütter aus drei Stadtteilen.

Genug Platz für Kinderwagen ist natürlich vorhanden. Und wie im Märchen hat das Backhaus auch ein Geheimnis: Die Besonderheit sind nämlich die sieben Zutaten, die die Brötchen fluffig, das Brot köstlich und das Ambiente heimelig machen. Welches sind die sieben geheimen Zutaten?

Adresse Bäckerei und Konditorei Treiber GmbH, Epplestraße 23, 70597 Stuttgart, Tel. 0711/94586231 // **ÖPNV** U5, U6, U12 bis Haltestelle Degerloch, dann 2 Gehminuten // **Öffnungszeiten** Mo–Fr 6.30–18.30 Uhr, Sa 6.30–18 Uhr, So 8–18 Uhr // für jedes Alter geeignet

TIPP: Auf der Epplestraße hat ein neuer Eisladen aufgemacht – mit veganen schwarzen Waffeln!

42_DER EISPINGUIN

Von der Waffel zum Schlittschuh

Das Tier des Tages ist hier der Pinguin. In der Schwabenmetropole kommt er gleich zweimal in einer Hauptrolle zum Tragen.

Einer Fünfjährigen zu erklären, dass man bei 28 Grad Außentemperatur im dampfenden Kessel der Stadt nicht Schlittschuhlaufen gehen kann, ist ein sinnloses Unterfangen.

Was machen Eltern im Sommer, wenn der Wunsch besteht, eislaufen zu gehen, und dieser auch lautstark eingefordert wird? Es gibt eine Möglichkeit: ein Besuch in der famosen Pinguin-Eisdiele am Eugensplatz mit dem herrlichen Galateabrunnen und einer Aussicht, derer man nie müde wird. Ebenso wenig kann man sich an Mango-, Schoko- oder dem bekannten Mops-Eis überessen.

Und zum Saisonende des Pinguineises öffnet der Eispinguin seine Tore: In der Eiswelt an der Waldau ist von Oktober bis März Eislaufen für Groß und Klein angesagt. Die nette Dame an der Ausleihe dreht mit den kleinen, stolpernden Kandidaten gern eine Extrarunde, um ihnen die erste Angst zu nehmen. Hat man sich einmal überwunden, klappt der Rest dann wie von selbst. Die niedlichen, einen Meter hohen Fahrhilfen in Form von Stühlen und Pinguinen sind heiß begehrt. Das Kind stolpert nicht weniger oft, aber endlich ist der Traum von der gemeinsamen Tour mit einem fahrenden Pinguin erfüllt. Der Traum vom Sommer, als es zu heiß war für Schnee.

Adresse Pinguin-Eisdiele, Eugensplatz 2a, 70184 Stuttgart; Eiswelt Stuttgart, Keßlerweg 8, 70597 Stuttgart // **ÖPNV** Eisdiele: U 15 bis Haltestelle Eugensplatz; Eiswelt: U 7 bis Haltestelle Waldau // **Öffnungszeiten** Eisdiele: März–Okt. täglich 11–22 Uhr, Eiswelt: Okt–März täglich variierend, siehe www.stuttgart.de/laufzeiten-publikumslauf // Eisbecher für alle Altersgruppen, Eislaufen ab 3 Jahre

TIPP: Bei der Eisdiele führt ein Stäffele in die Stadt zurück. In der Nähe der Eiswelt gibt es den Wald und das Sport- und Kletterzentrum.

43_DER PALITO

Bepflanzen auf eigene Gefahr

Wer diesen Garten nicht kennt, vermutet auf seinem Weg die Weinsteige hinauf hier wohl auch keinen. Der Gemeinschaftsgarten »El Palito« liegt am Hang mit einer wunderbaren Aussicht über die ganze Stadt. Was als kollektive, nachhaltige Nachbarschaftsinitiative begann, hat sich zu einem sozialen Gefüge entwickelt, das weit über das gemeinsame Werkeln im Garten hinausgeht.

Das bunte Schild lädt jeden zu einem kurzen oder langen Besuch ein. Mit etwas Glück trifft man auf Santi, der dieses Projekt mit viel Arbeit und Mühe gegründet hat.

Mittlerweile befinden sich zwischen den urigen, gewundenen Wegen Beete mit Permakultur. Darauf ist die Gemeinschaft stolz. Ein kleines Häuschen mit Terrasse lädt zum Ausruhen oder zum Plausch mit anderen grünen Daumen der Stadt ein.

Für die Kinder gibt es jede Menge verwunschene Ecken zu erkunden sowie ein bunt bemaltes Holzsofa, ein Trampolin und einen Baumhaus-Ufo-Kugel-Ausguck. Langweilig wird es auf dem wild bewachsenen Gartengelände nie. Die Phantasie ist grenzenlos.

In regelmäßigen Abständen werden hier auch Bio-Lebensmittel fair-teilt, die auf dem Markt nicht mehr zu verkaufen sind, doch zu wertvoll für die Tonne, da sie aus Demeteranbau stammen.

Hin und wieder gibt es kleinere Grillfeste und ein bisschen Livemusik bei den Zusammenkünften in der Garten-Gemeinschaft. Im Palito findet der alternative Stuttgarter Gleichgesinnte für das Planen einer grünen Zukunft. Zusammen für eine lebenswerte Stadt!

TIPP: Mit der »Zacke« kann man von hier bis zum Marienplatz und wieder hinauf fahren. Und einen besonders schönen Picknickplatz gibt es am Santiago-de-Chile-Platz.

Adresse Auf dem Haigst 45, 70597 Stuttgart, Tel. 0176/30139327, www.elpalito-stuttgart.tumblr.com // ÖPNV U 5, U 6, U 12, Haltestelle Weinsteige // ab 3 Jahre

44_DER PINGUINBLICK

Hoch hinaus für kurze Beine

Wie könnte er in diesem Buch fehlen? Die Phasen, in denen sich Kinder mit einer Lupe ans Auge gepresst alles einmal »ganz genau ansehen« wollen oder das Fernglas verkehrt herum an die neugierigen Augen drücken mit den Worten »Sensationelle Aussicht!«, sind wahrlich lustig.

Damit die kleinen und großen Ferngucker bei einem Besuch auf dem Fernsehturm voll auf ihre Kosten kommen, wurde auf 153 Metern Höhe eine Kinderplattform errichtet. Hier hat sich der Erbauer Fritz Leonhardt große Mühe gegeben. Selbst Vater von vier Kindern, hat er die Plattform extra so geplant, dass die kleinsten Besucher auf Augenhöhe eine freie Aussicht genießen können.

Auch ein Besuch im Panorama-Café lohnt sich, denn hier verbirgt sich eine Landkarte am oberen Ende der Glasfenster. Dort steht jeweils die Entfernung in Metern oder Kilometern – ob nach Oslo, ins Stadion, zum Wasen – oder zum Pinguin! Ja, ganze vier Kilometer ist der Pinguin entfernt. Wie? So schnell geht es zum Südpol? Oder ist damit die Wilhelma gemeint? Da hilft nur eins: die Glasfenster absuchen und ungefähr die Lage peilen, von welchem Pinguin die Rede ist. Geht mit oder ohne Lupe oder Fernglas. Geschafft? Gefunden? Dann gibt es zur Belohnung ein Eis! Wo? Na klar: im Klassiker für Eiscreme – der Pinguin-Eisdiele am Eugensplatz (siehe Ort 42). Ebenfalls mit Aussicht über die ganze Stadt.

Adresse Fernsehturm Stuttgart, Jahnstraße 120, 70597 Stuttgart, Tel. 0711/232597, www.fernsehturm-stuttgart.de // **ÖPNV** U 7 ab Hauptbahnhof alle 10 Minuten Richtung Nellingen-Ostfildern, Haltestelle Ruhbank/Fernsehturm // **Öffnungszeiten** Mo–Do 10–23 Uhr, Fr–So, Feiertage 9–23 Uhr; Eintrittspreise: Kinder bis 5 Jahre frei, 6–15 Jahre 5 Euro, Erwachsene 9 Euro, Familientickets erhältlich // ab 2 Jahre

TIPP: Die Lage mitten im Wald bietet viel Raum für Spaziergänge. Unmittelbar neben dem Fernsehturm befindet sich ein schöner Holzspielplatz.

45_DAS RECYCELTE WOHNZIMMER

Kreatives Handwerk im Wald-Welt-Café

Das Haus des Waldes ist ein Paradies aus Glas und Wissen. Seine naturnahe und interaktive Ausstellung ist für Groß und Klein, Jung und Alt spannend, lehrreich und sinnlich. Mitten im Wald in die Umgebung eingebaut, ist das Haus die Verlängerung der Äste, der Stämme und des Waldbodens. Bei Wind und Wetter ein heimeliger und heller Ort.

Was die Kinder dem Wald gern sagen würden und was der Wald darauf antwortet, erfahren Kinder und Eltern im oberen Stock. Dort im dunklen Zimmer stehen die Antworten der Kinder auf bunten Klebezetteln an der Wand.

Der Außenbereich mit Kräutergarten und Froschteich wurde für kleine Entdecker gestaltet. Die Picknicktische laden müde Füße zum Ausruhen ein.

Dabei wird das Weltcafé im Anbau oft vergessen. Ein Ort mit einem ganz eigenen Charme und ein Paradies für Kreative und Bastler. Ist die Lampe erst einmal eingeschaltet, zeigen sich hier auf uralten Dias Bilder vergangener Zeit. Ja, der Fair-Trade-Kakao kommt zwar aus dem Automaten, aber am selbst geschnitzten Holztisch schmeckt die Stulle gleich viel besser. Auf welchem Stuhl nimmt man denn diesmal Platz? Auf den Kronkorken oder doch auf dem aus weißen Birkenästen? Das Sofa sieht einladend aus für ein Nickerchen. Fühlt sich an wie zu Hause, und Bastelideen kommen dem kakaotrinkenden Besucher von allein, während er den Blick durch den Raum schweifen lässt. Wie man richtig recycelt, erklären die Mülleimer im Raum. Verspielt, sinnlich und sinnvoll.

TIPP: Das Umfeld des Hauses des Waldes ist spannend: Kennt ihr schon den Holzofen und den Holzpantoffel? Die findet ihr, wenn ihr dem Sinnespfad folgt.

Adresse Haus des Waldes, Königsträßle 74, 70597 Stuttgart, www.hausdeswaldes.de // **ÖPNV** U 7, Haltestelle Waldau, dann 15 Minuten zu Fuß // **Öffnungszeiten** Nov.–April So, Feiertage 10–17 Uhr, April–Nov. So, Feiertage 10–18 Uhr // für jedes Alter geeignet

46_DAS STOCKMIKADO

Wandeln auf dem Sinnespfad im Wald

Wer kennt das Spiel Mikado? Man lässt Stäbchen oder Stöckchen aus der Hand auf eine Unterlage fallen und muss sie dann einzeln aufsammeln, ohne ein anderes zu bewegen. Knifflige Kiste! Etwas für geduldige Feinmotoriker. Wer etwas Gröberes braucht, der macht das fast gleiche Spiel mit ganzem Körpereinsatz! Geht nicht? Und ob!

Das pädagogisch sehr wertvolle und spannende Haus des Waldes (siehe Ort 45) hat einen Sinnes-Parcours für behinderte Menschen geschaffen, der den Wald auch für Rollstuhlfahrer erlebbar macht. Folgt man der Route, gelangt man an verschiedene Stationen.

An einem Rondell hängen Äste in unterschiedlichen Stärken bewegungslos in der Luft. Bis ein kleiner Wildfang durch sie durchflitzt und alles in Schwingung versetzt. Nun kann die Aufgabe ganz unterschiedlich ausfallen: durchlaufen, ohne dabei einen Ast zu berühren, oder die Stöcke so anstoßen, dass sich am Ende alle Äste berühren. In diesem Fall kommt man wohl kaum ohne blaue Flecken durch den Parcours und schaut besser von außen zu und wartet, bis sich das riesige Mobile wieder beruhigt hat. Erzeugt es eigentlich auch Geräusche? Klingt da was? Und wenn ja, was?

FUN

Nebenan kann man jede Menge über Wurzeln lernen. Wie breit oder tief wurzelt ein Baum? Und wie groß kann eine Wurzel werden? Ein Lehrexemplar wurde zum Balancieren und Klettern ausgestellt. Die umliegenden Wurzeln zeigen zum Beispiel den Unterschied zwischen einer Fächer- und einer Pfahlwurzel. Hier gibt es also neben Action auch viel Neues zu entdecken.

TIPP: Pause gefällig? Bänke in Körperform mit Blick in die Sonne befinden sich in Sichtweite und laden zum Picknicken und Dösen ein.

Adresse Königsträßle 74, 70597 Stuttgart // **ÖPNV** U 7 bis Haltestelle Waldau, dann 15 Minuten zu Fuß // **Öffnungszeiten** immer geöffnet // für jedes Alter geeignet

47_DAS WASSER-TRAMPOLIN

Ich baue mir die Welt, wie sie mir gefällt …

Die Villa Kunterbunt ist in diesem Fall kein Haus, sondern ein Outdoorspielplatz am Waldrand gegenüber der Stuttgarter Waldschule an der Waldau. Und dennoch haben ihre Zimmer Namen wie Schaukelzimmer, Baumhauszimmer und Slacklinezimmer.

Und wer hat hier mitgeschafft? Keine Geringeren als die Kinder selbst! Aus einer Vielzahl an Wünschen, Träumen und »Ich hätte aber gern …« ist dieser Spielplatz entstanden und erfreut nun Kinderseelen aller Altersgruppen.

Es gibt ein Baumhaus, das über einen Strick und Hölzer erklommen werden kann, und zur Belohnung führt eine Rutsche wieder hinab. Hinter bunt bemalten Fenstern bieten sich Rollenspiele oder »Standfotoaufnahmen« an.

Rutsche, Schaukel – kennen wir schon. Die in die Erde eingelassenen Trampoline sorgen für viel Spaß, besonders nach einem heftigen Regenguss, denn so bekommt das Wort »Springbrunnen« eine ganz neue Bedeutung. Bitte an Wechselsocken denken, falls es frisch draußen ist. Und: Ein gewisses Sprunggewicht ist vonnöten, sonst spritzt es nicht genug!

Für Eltern und Großeltern, die die Tobegeister hier betreuen, wurden eigens Sitzgelegenheiten geschaffen. Ja, die Kinder haben bei der Planung auch an ihre Familien gedacht! Und schließlich muss irgendwo auch das mitgebrachte Vesper untergebracht werden.

Lieblingsspiel der Kinder: Eisverkauf! Einer steht hinter dem Rahmen und verkauft Eis in ausgedachten Geschmacksrichtungen.

Adresse Königsträßle 58, 70597 Stuttgart // **ÖPNV** U 7 bis Waldau // **Öffnungszeiten** immer geöffnet // ab 1 Jahr

TIPP: Die Kletterhalle des DAV-Kletterzentrums befindet sich direkt nebenan!

48_DER HUNDEFREILAUF

Unterwegs auf vier Pfoten

Kinder, die sich immer auf alles stürzen, was irgendwie nach »weich« aussieht, sind ja im Allgemeinen unkompliziert, leben aber vielleicht auch ein kleines bisschen gefährlich.

Nicht jeder Pitbull will gekuschelt werden. Und das »Der will nur spielen«, das Hundebesitzer so gern von sich geben, will eigentlich auch niemand hören. Da hat man als Eltern eben einfach Angst um den geliebten Nachwuchs. Wenn Sie Ihren tierlieben Kindern also eine Freude machen wollen, statten Sie dem Hundetreff einen Besuch ab, einem Spiel- und Übungsplatz für Hunde, wo sich die Vierbeiner treffen und auch mal austauschen. Ob sich Hunde untereinander über das Essen und das Wetter unterhalten? Oder läuft alles nonverbal und über das schlichte Beschnuppern ab?

Im umzäunten Gelände treffen sich die unterschiedlichsten Hunde zum Flitzen, Toben und Spielen, ohne jemandem gefährlich zu werden. Kinder können gefahrlos vom Zaun aus zuschauen und vorsichtig Kontakte knüpfen. Wer weiß, vielleicht lernt man auf diesem Weg ja auch ein nettes Herrchen oder Frauchen kennen, das jemanden zum Gassigehen sucht? Das gilt natürlich nur für Kinder ab dem Schulalter, die schon gut zu Fuß sind. Immerhin eine Alternative zum eigenen Haustier.

Ist die Sehnsucht nach einem Vierbeiner nicht zu stillen, dann sind die Tierheime der Stadt die richtige Adresse. Die Bewohner freuen sich über den sie streichelnden Besuch.

Adresse Hundefreilauf, Fasanenhofstraße 98 (gegenüber), 70565 Stuttgart // **ÖPNV** U 6 bis Fasanenhof (Bonhoeffer Kirche), dann 3 Gehminuten // **Öffnungszeiten** rund um die Uhr geöffnet // ab 2 Jahre

TIPP: Die Fasanerie am Fasanenhof ist ein kleiner Verein, der sich über Gäste freut. Und die Frage lohnt sich: Was war zuerst da? Der Stadtteil oder die Fasanerie? (Fasanenhofstraße 69, 70565 Stuttgart)

49_DER ABENTEUER-SPIELPLATZ

Alle mal hergehört!

Der Abenteuerspielplatz befindet sich unmittelbar am Eingang zum Waldstück »Pfostenwäldel« und wird vom Caritas e. V. betrieben.

Gruppen müssen sich hier anmelden. Ansonsten wird das alternative Spieleparadies von Kindern aus dem Stadtteil frequentiert und gern angenommen.

Vor Ort gibt es Betreuer, das Spielen ist jedoch frei. Ein Fußball, ein Trampolin sowie jede Menge Brett- und Bolzspiele stehen auch im Haus zur Verfügung. Falls es mal regnet.

Der Garten ist wild und idyllisch – mit Kräutern, viel Ramsch, Gartengeräten und allerlei Dingen, die der Nachwuchs gern mal anfassen und ausprobieren möchte, ohne gleich ermahnt zu werden.

Kuschlig wird es im Kaninchenstall. Da hat schon manch grobmotorisch veranlagter Wildfang seine weiche Seite entdeckt und ist mit großen Augen immer stiller geworden, während das Kaninchen gestreichelt und mit Löwenzahn gefüttert wurde. Ja, man darf mitten im Gehege bei den Tieren sitzen. Aber in limitierter Besucherzahl, sonst wird dem armen Hasen schwindlig. »Oh, sooo weich!« – Ja, das sind sie. Nicht jedes Stadtkind hat Kontakt zur Natur und zu Tieren, obwohl das sehr wünschenswert wäre.

Viele Kinder mit Migrationshintergrund oder Fluchterfahrung erleben diesen Ort als Oase, in der sie aufatmen können. Wer wäre dabei nicht gern Zeuge?

Adresse Föhrichstraße 147, 70469 Stuttgart, Tel. 0711/813784 // **ÖPNV** U6 bis Pfostenwäldle, unmittelbar an der Haltestelle // **Öffnungszeiten** Schulzeit: Di–Sa 13–18 Uhr, Ferien: Mo–Fr 10–18 Uhr, Mi ab 13 Uhr // ab 2 Jahre mit Eltern, Altersempfehlung ab Vorschule bis 14 Jahre

TIPP: Gegenüber befindet sich ein Seniorenheim. Über ein selbst gemaltes Bild oder ein Fundstück aus dem Wald würden sich viele der Bewohner sicher freuen.

50_DIE HEXENKÜCHE

Zu Besuch im Pfostenwäldle

Man betrete den Wald an der rot-weißen Schranke an der Zufahrt vom Triebweg. Gleich linker Hand befindet sich ein großes Schild mit der Aufschrift: »Wir sind hier.« Von dort aus kann man sich einen guten Überblick über das Waldgebiet verschaffen mit seinen Spazierwegen, Trimm-dich-Pfaden und den Bachläufen.

Läuft man auf zwölf Uhr in den Wald hinein, gibt es gleich rechter Hand eine Tafel, die über das hier lebende Wild informiert. Überall im Wald stehen Infotafeln zu den heimischen Tieren.

Ein Stück weiter geradeaus, dann biegt links ein schmaler Trampelpfad in ein wilderes Waldstück ab. Und dort, genau am Fuß einer dicken Buche, befindet sich die Hexenküche. Für Mykologen mag das einfach nur eine Ansammlung von Bovisten sein, die qualmen, wenn man darauftritt. Unmittelbar einatmen sollte man den Dampf jedoch nicht. Sieht cool aus, ist aber wirklich giftig, der Gute.

Doch Kinder sehen hier keine Masse von Pilzen, sondern mit viel Phantasie die Hexenküche des Pfostenwäldchens, in der es dampft und zischt und brodelt. Was gibt es heute? Schneckensuppe mit Froschlaich? Mmh, lecker! Her damit!

Nehmen Sie Platz auf dem Waldsofa – dann folgen Sie dem Trampelpfad. Finden Sie Holzbestände zum Gestalten! Ein beliebter Ort für Naturprojekte, und mit ein bisschen Glück wurde soeben erst ein Sofa erbaut. Dann können Sie sich quasi ins gemachte Nest legen oder stellen oder setzen. Sie wissen schon.

TIPP: Nebenan im Sportpark gibt es eine Bowlingbahn. Mittwochs ist Studententag, da ist es billiger, und die Kinderbahnen machen einen Strike auch für die Kleinsten machbar.

Adresse Pfostenwäldle, 70469 Stuttgart // ÖPNV U6 bis Haltestelle Pfostenwäldle // Öffnungszeiten jederzeit begehbar // ab 5 Jahre

51_ DER ANGLERVEREIN

Auf die Plötze! Fertig! Los!

Mit Sicherheit ist der Angelsport nicht für jeden das Richtige. Trotzdem finden es Kinder sehr spannend, einmal angeln zu dürfen. Es gibt hierfür vorgesehene Plätze, denn »Wildangeln« ist nicht erlaubt. Am Max-Eyth-See könnte man meinen, am Abend kommen die Leute zum Campen, dabei schlagen viele am Seeufer ihr Angellager auf. So hocken sie dann in ihrem Iglu mit ihren Würmern und warten. Bei welchem Wetter man die meiste Beute erwarten kann, erzählt der erfahrene Angler vom ansässigen Verein. Offiziell dürfen Kinder ab sieben Jahren angeln. Los geht's zu Forelle, Karpfen & Co.

Der Württembergische Anglerverein e. V. am Max-Eyth-See gibt Auskunft über weitere Angelplätze und günstige Bedingungen.

Hier gibt es eine eigene Jugendabteilung, die die jungen Fischer und Angler an das Thema heranführt. Still und ruhig sein dürfte Teil der Aufgaben aus dem Anglerhandbuch sein.

Wer einen Fisch schon einmal ausnehmen musste, wird schnell und freiwillig zum Vegetarier. Doch lässt man die Moral einmal auf der Seite, ist Angeln für Kinder vor allem eines: unfassbar aufregend! Wenn man dann noch an die richtige Ausrüstung denkt, umso besser. Und wer eben den obligatorischen Gummistiefel angelt und ihn im Anschluss fachmännisch entsorgt, tut damit gleich noch der Umwelt einen Gefallen!

TIPP: Mit der Aktion »Fisch on Tour« hat der Landesfischereiverband ein Programm gestaltet, bei dem Kinder mit zahlreichen Forschungsutensilien den Lebensraum Gewässer und die dort vorkommenden Lebewesen erkunden können (info@fisch-on-tour.de).

Adresse Mühlhäuser Straße 311, 70378 Stuttgart, Tel. 0711/531601, www.wav-stuttgart.de // **ÖPNV** U12 bis Haltestelle Hofen, dann 3 Gehminuten // ab 7 Jahre

52_DAS BÜCHERTELEFON

Bei Anruf Buch!

Der Stadtteil Hofen gehört nun nicht zu den meistfrequentierten, außer bei den dort ansässigen Bewohnern oder bei Besuchern des Max-Eyth-Sees, die sich zufällig verirrt oder auf den Weg in einen dort befindlichen Tante-Emma-Laden gemacht haben.

Umso überraschender ist es also, dass mitten im Wohngebiet eine quietschgelbe Telefonzelle steht und auf Besucher wartet.

Ja, liebe Kinder, so sah Telefonieren früher aus: hohes Häuschen auf quadratischer Grundfläche mit einem Hörer an der Wand und einer Wählscheibe mit Ziffern drauf. Meistens hingen dort noch Telefonbücher in mitunter fragwürdiger Qualität.

Hier in Hofen wurde der antiken Telefonie ein Denkmal gesetzt. Was einst als öffentliches Telefon fungierte, ist nun ein öffentliches Bücherregal. Komm rein und lies! Oder nimm ein Buch und lass eins da. Das Angebot in Hofen ist gut und sowohl für Kinder als auch Eltern durchaus lesenswert. Die schöne Idee und den Einsatz verdanken die Bücherwürmer dem isi hofen e.V. Die einst ausgediente Telefonzelle wurde extra angeschleppt, und die Kinder durften sie bemalen. Unter anderem zu sehen: der Bücherwurm und sehr viele Buchstaben. Erkennst du den Buchstaben deines Vornamens?

Auf der Internetseite des Vereins lässt sich die Entstehung der Büchertelefonzelle in Bildern genau nachverfolgen. Denn mit »Hinstellen« war es nicht getan. Hier wurde gebohrt, gehämmert und gemalt. Und an einem regnerischen Tag kann man es sich auch in der Telefonzelle gemütlich machen und eine Runde schmökern.

Adresse Kelterplatz, 70435 Stuttgart, www.isi-hofen.de // ÖPNV U 12 bis Haltestelle Hofen, dann 8 Gehminuten // Öffnungszeiten immer zugänglich // ab Vorlesealter

TIPP: Angrenzend befindet sich eine Kleingartensiedlung, die zu einem Spaziergang einlädt.

STUTTGART-HOFEN

53_ DIE INSEL

Zwischen Sand und Hängematte

Auf dem Max-Eyth-See kann man gemeinsam mit Enten und Schwänen in aller Ruhe Tretboot, Ruderboot oder sogar kleinere Modelle von Motorbooten fahren. Die Kleinsten bekommen Schwimmwesten, ansonsten gibt es keine größeren Einschränkungen, und auch der unerfahrenste Bootsmann darf hier ans Steuer. Das eine oder andere Segelboot sorgt für maritimes Ambiente. Dabei kann es sogar lustig sein, mit anzusehen, wie jemand, der den Segelschein gerade erst macht, sich in der Jolle und den Segeln verheddert.

Gegenüber der Haltestelle, auf der anderen Seeseite, befindet sich ein Indianercamp, das für Gruppen (vielleicht für den nächsten außergewöhnlichen Kindergeburtstag) gebucht werden kann.

Und mitten auf dem See ist eine Art Halbinsel, auf der sich ein bunter und alternativer Biergarten befindet. Aus Paletten gezimmerte Möbel, Liegestühle – und eine Hängematteninsel. Ach herrlich, da kommt Urlaubsfeeling auf! Denn die Insel wurde mit Sand aufgeschüttet, und man hat so ein kleines bisschen das Gefühl, am Meer zu sitzen, die Füße im Sand, in der Hängematte baumelnd und den vorbeiziehenden, ferngesteuerten Booten zuschauend. Ja, alles in Miniatur. Aber trotzdem – es ist schön. Im gemütlichen Biergarten, der seine Gäste mit vielen Details erfreut, hängt der nette Hinweis: »Auf den Tisch gehört der Kuchen, da hat der Popo nichts zu suchen.«

Es gibt zwei kleinere Spielplätze rechts der Haltestelle, ansonsten sind hier eher die großen Grünflächen selbst der Spielraum. Oder das Wasser! Nur baden darf man hier leider nicht.

Adresse Mühlhäuser Straße 271, 70378 Stuttgart, Bootsverleih: Tel. 0711/537200, www.miet-ein-boot.de // **ÖPNV** U 12 Richtung Remseck, Haltestelle Wagrainäcker // **Öffnungszeiten** saison- und wetterabhängig // ab 3 Jahre

TIPP: In Hofen gibt es einen Abenteuerspielplatz (Hartwaldstraße 150).

54_DAS KLASSENZIMMER AM SEE

Lernen, wo die Enten wohnen

Der Max-Eyth-See ist ein Kleinod, das seinesgleichen sucht, und zieht vor allem an den Wochenenden internationale Picknicker und Grillmeister an. Wer die Wiesen um den See je an einem Montagmorgen besucht hat, der weint beim Anblick der Müllberge. Dabei ist jedem bekannt, dass man in der Natur nichts als Fußspuren hinterlassen sollte. Man kann gemütlich mit einem geliehenen Ruder- oder Paddelboot über den kleinen See schippern und die Legeplätze der Enten und Schwäne am Ufer besuchen.

Als Alternative kann jeder einfach auf »nasse Schule« machen und das Klassenzimmer im Freien besuchen, das neben dem Biergarten »Treffpunkt am See« gestaltet wurde. Hier können die Kinder Interessantes über die Entstehung der Wasserläufe und Gesteinsarten lernen und sich an dem kleinen Flusslauf und den Wassertreppen ausprobieren.

Der Stuttgarter Komiker Christoph Sonntag hat sich für dieses Projekt engagiert. Bei Interesse können Termine gebucht werden, die am Vor- oder Nachmittag stattfinden und bei denen Kinder kleine Wasserlebewesen oder Pflanzen suchen, sammeln und kennenlernen können. Außerdem darf man malen und mit Naturmaterialien basteln und lernt nebenbei, wer in der Natur wen frisst. Mit viel Glück findet auch ein Experiment für die neugierigen Forscher statt. Das Vokabular der teilnehmenden kleinen Biologen heißt: Kescher, Lupe, Mikroskop, Binokular und wird ausnahmslos zur Verfügung gestellt. Die Teilnahme ist kostenlos!

TIPP: Die DLRG hat hier einen Standpunkt und bietet Schwimm- und Rettungsschwimmertrainings an.

Adresse Klassenzimmer am See, neben der Gaststätte der DLRG »Treffpunkt am See«, Mühlhäuser Straße 305, 70378 Stuttgart // **ÖPNV** U 14 oder Bus 54 bis Haltestelle Max-Eyth-See, dann 5 Gehminuten // **Anfahrt** Parkplatz an der Mühlhäuser Straße, 70378 Stuttgart-Hofen // **Öffnungszeiten** Anmeldung unter mitmachen@sonntag.tv // verschiedene Projekte je nach Altersgruppe

55_ DIE KIRCHE IM GRÜNEN

Gibt es Gott?

Die, die an Gott glauben, haben meist auch eine ziemlich genaue Vorstellung davon, wer Er/Sie ist. Wer den Wunsch hegt, dem eigenen Nachwuchs den Glauben an eine höhere Instanz nahezubringen, wird dabei dankbar für eine kindgerechte Art der Glaubensvermittlung sein.

Soll man nun von Gott reden oder nicht? Wie ist das mit den Kindern? Soll man sie an einen Glauben heranführen? Ist die Religion mit der Geburt bereits festgelegt? Viele Fragen, die nur jeder Elternteil für sich selbst beantworten kann.

Die »Kirche im Grünen« organisiert immer von April bis Oktober Familiengottesdienste an den unterschiedlichsten Orten in der Natur.

Locker, entspannt, kindgerecht und vor allem: draußen. Einmal quer durch Stuttgart finden die Outdoor-Gebete statt. In Weilimdorf, Freiberg und Bad Cannstatt, mitten im Heusteigviertel oder auch außerhalb in Leinfelden-Echterdingen. Selbst in einem Theater, auf dem Cannstatter Volksfest oder auf dem bekannten Monte Scherbelino gibt es Gottesdienste.

Doch es geht noch spannender: Wie wäre es mit einem Gottesdienst auf dem Baumwipfelpfad in Bad Wildbad oder Lobpreisungen bei einer Lamawanderung in Reutlingen oder beim Imker am Bienenstock in Kirchheim/Teck? Diverse Pilger-, Wander- und Kulturangebote werden von den verschiedenen Gemeinden organisiert.

Adresse Kirche im Grünen, www.kirche-im-gruenen.de, Tel. 0152/33774952, zum Beispiel Gottesdienst auf dem Schloss Hohenheim // **ÖPNV** U 7 bis Haltestelle Fernsehturm, dann Bus 70 bis Universität Hohenheim, 7 Gehminuten // **Öffnungszeiten** verschiedene Termine und Orte auf der Website // für jedes Alter geeignet

TIPP: Die Hohenheimer Gärten und der Aussichtsturm befinden sich unmittelbar auf dem Gelände der Hochschule.

56_DER BABYCCINO

Malkreide gibt es auch umsonst

Es gibt glücklicherweise immer mehr kinderfreundliche Cafés in Stuttgart, in denen entspannte und spontane Müttertreffs stattfinden können und es einen Raum zum Toben gibt.

Denn wer sucht, der findet. Willkommen im Weltcafé! Politisch und alternativ, ein spannender Ort mit einem afghanischen Koch, der sich gern mal im Gebrauch mit der Pfeffermühle verschätzt, französischsprachigen Kellnern, bunten Ausstellungen im Innenbereich, zeitgemäßen Abendveranstaltungen mit Musik und Film – und einem herrlich gemütlichen Innenhof. Dort auf selbst gezimmerten Holzbänken in der Sonne Platz genommen, ist der Samstagnachmittag doch gerettet.

Kind dabei? Umso besser! Der Innenhof ist autofrei, der freie Spielraum groß. Er ist sicher und begrenzt, sodass der Nachwuchs in Ruhe toben kann, während Mutter oder Vater einfach mal die Beine hochlegen und sich bedienen lassen können.

Das Mauerwerk ist gut für die Phantasie, denn da hält sich doch bestimmt eine Prinzessin versteckt. Im Café gibt es Spiele zum Ausleihen, und auf Wunsch bekommen die kleinen Gäste bunte Kreide, um den Boden im Innenhof zu verschönern. Kuchen oder Quiche dazu, und fertig ist der gelungene Nachmittag.

Durstig? Die Getränkekarte beschreibt mit Bildern, wie welcher Kaffee zubereitet wird – und für den Nachwuchs gibt es Babyccino gratis! Was das ist? Für die einen einfach ein Glas warme Milch, für die hippen Windelträger unserer Zeit das angesagte Getränk für den Samstagnachmittag.

Adresse Charlottenplatz 17, 70173 Stuttgart, Tel. 0711/31511310, www.welthaus-stuttgart.de // **ÖPNV** U5, U6, U7, U12, U15 bis Charlottenplatz // **Öffnungszeiten** täglich außer Mi 9–22 Uhr, So nur bis 20 Uhr // für jedes Alter geeignet

TIPP: Samstags ist auf dem Karlsplatz Flohmarkt.

57_DIE BUNTE WERKSTATT

Häkeln war gestern, jetzt wird ge-up-cycelt!

Die kubi-S-Werkstatt im Kulturareal »Unterm Turm« bietet für Kinder jeden Alters bunte und kreative Möglichkeiten, künstlerisch tätig zu werden. Dabei sind der Phantasie keine Grenzen gesetzt. Die Angebote gibt es meist in den Ferien, und sie wechseln inhaltlich.

Betreut werden die Kinder während der Veranstaltungen von Künstlerinnen und Kunstpädagoginnen. Schon mal eine Bühne aus einem Pizzakarton gebaut? Die Werkstatt ist ein »Raum der Möglichkeiten«, in dem probiert, gebaut, experimentiert und so richtig kreiert werden kann. Durch die Fördergelder der Stadt bleibt niemand außen vor, und die Angebote sind entweder kostenlos oder werden so weit subventioniert, dass sie sich jede Familie leisten kann. Es finden einzelne Veranstaltungen und länger dauernde Projekte statt.

Was läuft hier sonst noch? Es gibt nichts, was es nicht gibt. Für coole Jungs und Mädels wird ein Workshop im Graffitisprayen angeboten. Die Kleinen, die noch von Feen und Elfen, Gnomen und Zwergen umgeben sind, haben die Gelegenheit, Märchendrachen zu gestalten. Natürlich wird hier gemalt, geformt, geklebt und gebaut.

Darf es vielleicht eine eigene Maske sein? Wer wäre ich denn gern? Für größere Kinder gibt es einen Workshop zum Thema Licht nach dem Motto »Ich sehe was, was du nicht siehst«, denn das Licht bestimmt, was wir sehen. Und all diejenigen, die am Vorabend Pizza gegessen haben, können ihren Karton mitbringen und in demselben ein Bühnenbild gestalten. Daraus entstehen die tollsten Dinge, und dabei bekommt Recycling einen ganz neuen Geschmack.

TIPP: Lecker Eis gibt es im Old Bridge gleich nebenan.

Adresse kubi-S-Werkstatt, Eberhardstraße 61a, 70173 Stuttgart, Tel. 0711/21680431, kubis@stuttgart.de, www.stuttgart.de/kubis // **ÖPNV** alle Bahnen bis Haltestelle Stadtmitte/Rotebühlplatz, dann 5 Gehminuten // **Öffnungszeiten** entsprechend der Veranstaltung // überwiegend Angebote für Schulkinder, einzelne Veranstaltungen auch für jüngere Kinder

58_DAS GLOBALE KLASSENZIMMER

Früh übt sich, wer global sein will

Stuttgart gehört glücklicherweise zu den bunten, kulturell und politisch offenen Städten der Republik. Dass auf dem Globus nicht nur Schwäbisch gesprochen wird, ist natürlich klar. Dieses spannende Projekt des Welthauses hat sich das globale Lernen zum Ziel gesetzt. Was bedeutet das? Die jungen Interessierten nehmen globale Zusammenhänge unter die Lupe und überlegen sich gemeinsam mit den Projektleitern, welche Rolle und Verantwortung wir alle in dieser Weltgesellschaft haben.

Die Zukunft gehört den Kindern! Also werden hier sowohl kritisch als auch optimistisch gemeinsame Zukunftsvisionen geschmiedet, um die Welt freundlicher, friedlicher und hoffentlich auch gerechter zu machen. Das schließt einen schonenden Gebrauch der Ressourcen mit ein.

Hier lernen Kinder und Jugendliche, wie Globalisierung eigentlich laufen soll oder kann. Und welches Potenzial in jungen Menschen steckt, wissen wir spätestens seit »Fridays for Future«.

Im Globalen Klassenzimmer arbeiten Profis, die die Kinder begleiten und ihre Infos aus allererster Hand mitbringen – aus der Entwicklungsarbeit, aus entwicklungspolitischen Freiwilligendiensten. Oder sie kommen selbst aus einer anderen Kultur. Hier können die interessierten Jugendlichen globale Zusammenhänge hautnah miterleben und die ganze Welt in ihrer kulturellen Vielfalt erfahren. Denn wer mitreden will, der muss sich selbst einen Überblick über das große Ganze verschaffen.

TIPP: Im Außenbereich des Restaurants Amadeus gibt es im Sommer Sand unter den Füßen. Also: Förmchen einpacken!

Adresse Welthaus Stuttgart e. V., Charlottenplatz 17, 70173 Stuttgart, Tel. 0711/31516348, koordination@welthaus-stuttgart.de // **ÖPNV** U5, U6, U7, U15, Haltestelle Charlottenplatz // **Öffnungszeiten** täglich 10–20 Uhr, Sa 8.30–16 Uhr, So geschlossen // verschiedene Projekte für unterschiedliche Altersgruppen

59_DAS JUNGE THEATER

Lieb haben oder recht haben, zusehen oder mitmischen

Das Junge Ensemble Stuttgart (JES) bietet heranwachsenden Talenten eine Bühne für Theater, Schauspiel und Poetry-Slams. Vor allem das Programm »Einmischen« ermöglicht Jugendlichen, ihre eigene Meinung kundzutun, ihre Kraft wahrzunehmen, etwas zu bewegen, aufzustehen, sich auszudrücken und einzubringen.

Diverse Theaterstücke für Groß und Klein zu kulturell und politisch vielfältigen Themen sorgen für einen abwechslungsreichen und nie langweilig werdenden Spielplan.

Der Spielclub gibt sowohl erfahrenen als auch unerfahrenen Talenten die Möglichkeit, Theater zu spielen, es zu üben, zu lernen und Erfahrungen zu sammeln. Die ersten beiden Termine sind gratis, damit man schauen kann, ob es passt. Danach können sich Kinder, Jugendliche und auch Eltern anmelden und sich mal mehr, mal weniger theatralisch einbringen.

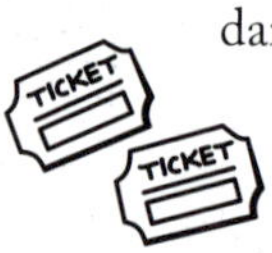

Ein cooles Angebot für die ganze Familie, denn hier bekommt »Mach nicht so ein Theater!« eine ganz andere Bedeutung.

Das Junge Ensemble Stuttgart engagiert sich auch mit diversen Bildungsprogrammen in Kitas und Schulen.

Das Theaterfestival »Schöne Aussicht« findet alle zwei Jahre statt und hat sich zu einem international renommierten Festival entwickelt, das wichtige Impulse für die Theater- und Schauspielarbeit in ganz Europa gibt.

Adresse Junges Ensemble Stuttgart, Eberhardstraße 61, 70173 Stuttgart, Tel. 0711/21848018, www.jes-stuttgart.de, info@jes-stuttgart.de // ÖPNV S1–S6 bis Stadtmitte, dann 5 Gehminuten, oder U5, U6, U7, U12, U15 bis Charlottenplatz, von dort 7 Gehminuten // Angaben im Spielplan vermerkt

TIPP: Wo befindet sich der Nabel der Welt? Also der Nabel Stuttgarts? Der geografische Mittelpunkt der Stadt liegt am Rotebühlplatz 20 a. Mitte verloren? Kurz hinstellen und sich sammeln!

60_DER KINDERKRIMI

Auf den Spuren von Sherlock Holmes

Hut auf, Lupe vor die Nase und ab auf Spurensuche. Wem gehört dieser Fingerabdruck, und sind das hier Indizien für den Kriminalfall? Das verspricht ja spannend zu werden.

Wer wäre nicht gern Detektiv? Und ein guter noch dazu!

Das Jugendamt der Stadt Stuttgart organisiert unter dem Titel »Der seltsame Tote von Gablenberg« eine spannende Verfolgungsjagd über die Stuttgarter Gänseheide.

Wie wird man nun ein Detektiv oder gar ein Kommissar? Natürlich im Trainingslager. Und wie läuft das ab? Indem man mittendrin einsteigt: mit einem Todesfall. Der Kommissar nimmt die Kinder mit zu seinem »Fall«, und gemeinsam liefern sie sich eine wilde Verfolgungsjagd quer durch die Stadt. Und ganz nebenbei gibt es noch spannende Geschichten aus dem Kessel, von einer Stadtführerin erzählt.

Wer im wahrsten Sinne des Wortes Blut geleckt hat, der freut sich auf die Kinderkrimiwochen, die jedes Jahr im Frühling stattfinden. Dann wartet ein spannendes Programm mit Krimi- und Detektivspielen sowie Giftexpeditionen auf die jungen Spürnasen.

Wem das Spaß gemacht hat: Das Jugendamt der Stadt Stuttgart bietet für Kinder Erlebnis- und Krimistadtführungen an. Treffpunkt ist das Spielhaus im Schlossgarten. Seien Sie später zu Hause einfach achtsam, wenn Sie Ihre Fingerabdrücke hinterlassen. Denn das wird nun alles untersucht!

Adresse Spielhaus Unterer Schlossgarten, 70190 Stuttgart, Kontakt: Jugendamt Stuttgart, Tel. 0711/21657711 // **ÖPNV** U 1, U 2, U 4, U 9, U 14 bis Neckartor, dann 8 Gehminuten // 8–12 Jahre

TIPP: Das Stuttgarter Jugendhaus organisiert regelmäßige »Kinder-Kunst-Touren«.

61_DIE KINDSKÖPFE

Glitzerpuder für die Einhörner von heute

Auch eine Anderthalbjährige schüttelt stolz lächelnd den Bob und stammelt etwas Unverständliches, das bedeuten soll: »Ich habe mir heute einen schönen Tag beim Friseur gemacht.« Der »Tag« waren dabei glücklicherweise nur etwa 15 Minuten. Denn die Aufmerksamkeitsspanne bei Kleinkindern … Das wissen Sie ja.

Viele Eltern versuchen sich auch selbst bei der Frisur des Nachwuchses. Spätestens wenn das Ohr blutet und alle Beteiligten weinen, macht man dann freiwillig einen Termin.

Doch nicht irgendwo: im Kindersalon »Kindsköpfe« bei Bettina Kojzek – in Stuttgart einer der beliebtesten Friseure für Zwerge.

Schon bei den Kinderwagen geht es los – hier ist genügend Platz, und Eltern können aufatmen. Außerdem gibt es jede Menge Spielzeug, Geduld und Bewegungsmöglichkeiten. Eine Idylle für alle Familienmitglieder.

Für die Prinzessinnen unter den Besuchern gibt es ungiftige Farbsträhnen, Glitzerpuder und Glitzersträhnen. Hauptsache, bunt!

Das Haareschneiden wird so lange geübt und gespielt, bis die Kleinen keine Angst mehr vor dem Friseur haben.

Die Preise sind angemessen, Zwerge bis zwei Jahre legen hier keine acht Euro aus dem Sparschwein hin. Obendrein sind die Preise nach Alter gestaffelt. Bei Erwachsenen hört das zum Glück irgendwann auf. Wäre ab einem Alter von 80 Jahren sonst auch gemein.

Wenn Ihr Kind also einmal wie ein Einhorn glitzern möchte, ist es im »Kindsköpfe« genau richtig. Familien erhalten Rabatt. »Zwei Erwachsene, ein Kind« bekommt hier eine ganz andere Bedeutung.

Adresse Kindersalon Kindsköpfe, Hirschstraße 36, 70173 Stuttgart, Tel. 0711/2263363, team@bettinakojzek-dersalon.de, www.kindskoepfe-derkindersalon.de // **ÖPNV** S 1–S 6, Haltestelle Stadtmitte // **Öffnungszeiten** Di–Fr 9–18.30 Uhr, Sa 9–14.30 Uhr // ab 1 Jahr

TIPP: Die Galeria Kaufhof gegenüber hat im obersten Stock ein Restaurant mit einem Kinderbereich.

62_DER KIPPSESSEL

Das Einmaleins der Sterne

Wenn man sich im Dunkeln auf einen der riesigen Sessel fallen lässt, denkt der Laie gleich: »Oh, mein Stuhl ist kaputt.« Die Lehne kippelt. Und dann steht man auf und setzt sich auf den Nachbarsessel, um festzustellen: kippelt auch. Hm, wohl doch nicht defekt. Spätestens jetzt dämmert es nicht nur im Raum. Die Sitzmöbel im Planetarium sind nämlich Liegesessel, die den Blick nach oben ins Firmament ermöglichen, ohne dass am nächsten Tag ein Besuch beim Osteopathen notwendig wäre.

Zurücklehnen, Augen auf und am besten Händchen halten. Ein bisschen ängstlich können die Kleinen da schon werden. Es ist wirklich stockdunkel! Die einzige Lichtquelle: die Sterne. Wenn jedoch die Neugier über die Angst gesiegt hat, dann sind die Augen und die Spannung groß!

Was gibt es zu sehen? Bär und Wagen, Wassermann und Fische, Sternschnuppen und die Milchstraße. Kindgerecht erklärt und aufbereitet, ist ein Besuch im Planetarium auch für die großen Besucher interessant und lehrreich. Zugegeben, die Formulierungen sind anspruchsvoll, aber die Sternbilder, die sich zeigen, oder die Lasershow machen Worte an manchen Stellen überflüssig. Im »Kleinen 1x1 der Sterne« werden die Kinder mit auf ein imaginäres Raumschiff genommen und entdecken so das Weltall.

Ein Astronaut steht mit ernstem Blick mitten im Vorraum, und ein außergewöhnlich aussehendes Spaceship kann direkt am Eingang bestaunt werden. Hier gibt es also auch im Hellen tolle Dinge zu entdecken.

> TIPP: Nicht weit entfernt, mitten im Park neben dem Biergarten, gibt es ein Schachbrett mit mannshohen Spielfiguren. Wer Schach spielt, kann hier loslegen.

Adresse Planetarium Stuttgart, Willy-Brandt-Straße 25, 70173 Stuttgart, Tel. 0711/21689015, info@planetarium-stuttgart.de // **ÖPNV** U 1, U 2, U 9, U 14, Haltestelle Staatsgalerie // **Öffnungszeiten** Vorführzeiten unter www.planetarium-stuttgart.de; Tickets: 8 Euro, ermäßigt 5 Euro, vormittags für alle 5 Euro // verschiedene Angebote je nach Alter

63_DIE LESEINSEL

Wohin mit den Leseratten?

Was von außen wie ein riesiger Betonwürfel aussieht und architektonisch auch nichts anderes ist, ist unsere Stadtbibliothek. Nachts in bunten Farben beleuchtet, ziert die vier Seiten des Würfels das Wort »Bibliothek« in vier Sprachen. Welche sind zu sehen?

Woher die Leseratten kommen und ob sie nicht vielleicht lieber als Bücherwürmer bezeichnet werden möchten, bleibt offen. Wer Bücher liebt und davon nicht genug bekommen kann, ist auf den acht Ebenen der Bibliothek gut aufgehoben. Die Krönung ist die Dachterrasse mit einer atemberaubenden Aussicht. Im Café LesBar gibt es Snacks und Getränke. Bedient wird man hier von Menschen mit Behinderung. Ein lobenswertes Inklusionsprojekt, das auf viel Anerkennung stößt.

Die zweite Etage gehört ganz den Zwergen, denn hier befindet sich die Leseinsel für Kinder jeden Alters. In verschiedenen, voneinander abgegrenzten Lesewürfeln sind die Bücher nach Themen und Alter sortiert. Ob es um Länder geht oder um die Familie, um Gefühle oder um Märchen, ist jeweils angeschrieben. Überall laden Sessel, Sofas und weiche Matten zum Lümmeln und Dösen ein.

Leseohren aufgeklappt! Unter dem gleichnamigen Projekt können sich Ehrenamtliche zum Vorlesen anmelden und Kinder sich vorlesen lassen (www.leseohren-aufgeklappt.de). Herzensangelegenheit!

Mit viel Geduld werden von den Mitarbeitern Bücher gesucht und gezeigt. Gekuschelt, geplaudert und gelesen wird dann in den gemütlichen Ecken. So erholsam, dass der ein oder andere auch mal wegnickt. Psst!

TIPP: Zu heiß? Zwischen dem Einkaufskoloss Milaneo und der Bibliothek gibt es im Sommer neben den Betonbänken auch Liegestühle und einen kleinen Flusslauf mit Wasserfontänen, von denen man so herrlich nass werden kann, egal, wie alt oder jung, und gleichgültig, wie man bekleidet ist.

Adresse Stadtbibliothek Stuttgart, Mailänder Platz 1, 70173 Stuttgart, Tel. 0711/21691100, www.stuttgart.de/stadtbibliothek // **ÖPNV** U 5, U 6, U 7, U 15, Haltestelle Stadtbibliothek // **Öffnungszeiten** Mo – Sa 9 – 21 Uhr // ab Vorlesealter

64_DER PATERNOSTER

Drei! Vier! Aufspringen!

Eine wahre Rarität – das Stuttgarter Exemplar des Paternosters, offiziell »offener Personenumlaufaufzug« genannt – befindet sich im Rathaus der Stadt. Damit gehört er zu den wenigen antiken Aufzügen dieser Art, die heute noch in Betrieb sind. Nichts wie hin!

Doch was tun, wenn man keinen Behördengang vor sich hat? Kein Problem. Zwischen 8 und 17 Uhr – also zu den Geschäftszeiten der Beamten – darf jeder eine Probefahrt in der offenen Kabine unternehmen. Es gibt zwei Paternoster, die die Stockwerke im Rathaus verbinden. Einmal geht's aufwärts und einmal abwärts. Anhalten? Wohl kaum. Mit flinkem Schritt muss der Fahrgast hier den Moment abpassen und den Fuß in die Holzkammer oder eben von dort wieder hinaus auf die jeweilige Etage setzen. Spannende Kiste!

Mit der Rolltreppe zu fahren hat für viele Passagiere ja schon mit extremer Konzentration zu tun. Hier ist die Steigerung von eleganter und gut getimter Bewegung vonnöten.

Übrigens, wenn jemand mit im nostalgischen Aufzug fährt, der ein deftiges Mittagessen hatte, und sich der Aufzug gefährlich neigt, gibt es ab 30 Grad Neigung einen Notstopp – also Gewicht schön gleichmäßig verteilen und manchen Gast lieber allein fahren lassen. Bevor man zwischen zwei Etagen festklemmt, lieber in die nächste freie Kabine hüpfen. Apropos fahren: Die Geschwindigkeit beträgt sage und schreibe 30 Zentimeter pro Sekunde. Dann könnte man quasi die Höhe des Rathauses messen, indem man die Zeit stoppt, die man im besagten Personenumlaufdings verbringt, oder?

Adresse Marktplatz 1, 70173 Stuttgart, Tel. 0711/2160, post@stuttgart.de // ÖPNV S 1, S 2, S 3, S 5, S 21 bis Stadtmitte, dann 8 Gehminuten, oder U 6, U 7, U 12, U 15 bis Charlottenplatz, dann 6 Gehminuten // Öffnungszeiten Mo–Fr 8–17 Uhr // jedes Alter in Begleitung von Eltern

TIPP: In der Bäckerei Nast in der Sporerstraße 4 riecht es noch wie früher nach echten Brötchen. Zum Naschen und Bummeln, Probieren und Schlemmen lädt außerdem ein Besuch in der Markthalle ein.

65_DIE SCHLOSS-GESPENSTER

Im Galopp durchs Treppenhaus

Räuber, Piraten oder Schlossgespenster – die wechselnden Themen der Dauerausstellung im Kindermuseum Junges Schloss sind allesamt lehrreich, spannend und lustig.

Als Batman verkleidet, als edler Ritter mit schwäbischem Dialekt oder als Astronaut einmal durch die Weltraumrutsche gejagt. Wo man schon dabei ist, können gleich die Planeten in die richtige Reihenfolge gebracht werden. Wie war das noch?

Hier ist von drei bis 70 für jeden was dabei. Die Themen der Ausstellung wechseln jedes Jahr und wiederholen sich zyklisch. Somit ist es kein Problem, wenn die Lieblingsausstellung vorbei ist – sie kommt nämlich wieder. Versprochen!

Es gibt nach schwäbischer Manier einen Kehrwochenkatalog, mit dem sich der Nachwuchs darin üben kann, das richtige Reinigungsgerät für den angesammelten Unrat zu identifizieren. Also, wie bekommt man den Schnee vom Gehweg? Wie oft schneit es hier überhaupt? Ist der Laubsauger wirklich die beste Idee?

Spannend ist das Puzzle an der Litfaßsäule. In einem separaten Atelier können Bastel- und Handarbeiten ausgeführt werden. Bei der aufgebauten Kino- und Fußballwand herrscht nur noch wenig Erklärungsbedarf. Wer ein Tor geschossen hat, erhält Jubel aus dem Publikum, das sich natürlich im Lautsprecher versteckt hat.

Bitte die Kostüme wieder in die Kisten zurücklegen! Auch wenn es schön wäre, mehr Geister und Feen und den einen oder anderen Superhelden in der Innenstadt bestaunen zu können.

TIPP: Im Akademiegarten im Park steht eine riesige Buche mit so tief gewachsenen Ästen, dass sie die Kinder quasi ruft, auf ihr zu klettern.

Adresse Schillerplatz 6, 70173 Stuttgart, Tel. 0711/89535111, www.junges-schloss.de, info@junges-schloss.de // ÖPNV U 5, U 6, U 7, U 12, U 15 bis Charlottenplatz oder 10 Gehminuten vom Hauptbahnhof // Öffnungszeiten Di–Do 10–17 Uhr, Fr–So 10–18 Uhr; lange Wartezeiten möglich; Preise: Kinder bis 4 Jahre frei, 4–12 Jahre 2,50 Euro, Erwachsene 3,50 Euro, Ermäßigungen möglich; die nächste Mitmachausstellung eröffnet im Herbst 2020 // ab 2 Jahre

66_DER SUMMTOPF

Wie klingt eigentlich eine Wasserorgel?

Also, das ist ja wirklich unerhört! Kinder wollen und müssen einfach alles anfassen und ausprobieren. Und im Grunde hört diese Entdeckerfreude doch eigentlich auch bei Erwachsenen nicht auf, oder? Wer fühlt sich nicht von dem prunkvollen Sessel mit der Aufschrift »Bitte nicht berühren« angezogen und würde nicht zu gern darüberstreichen. Doch der gestrenge Blick der Museumswärterin erinnert einen direkt wieder an die gute Erziehung.

Die ausgestellten Flügel und anderen Instrumente, die die Geschichte der Musik erzählen, sind leider nichts für neugierige Fingerchen. Spannend zu sehen auf dem historischen Rundgang, aber eben eher was für Leute, die die Finger still halten wollen.

Also nichts wie ab in den dritten Stock. Ins »Kuriose Klanglabor«! Hier darf nämlich angefasst und ausprobiert, komponiert und experimentiert werden. Und witzig ist es auch noch. Wie klingt denn der Summtopf oder die Wasserorgel oder das Kuhglockenklavier? Machen Säge und Besen wirklich Musik?

Die starken Kerle dürfen übrigens so richtig draufhauen auf den Boxsack! Dem kann man damit Töne entlocken. Und was für welche! Unter Aufbietung aller Kräfte kann man hier sogar eine Symphonie boxen. Oder ein Kinderlied. Wie wäre es mit was Leichtem? »Fuchs du hast die Gans gestohlen« oder »Alle meine Entchen« vielleicht? Das kriegen Sie hin! Dazu noch ein bisschen schräg gesungen und fertig ist das Familienkonzert.

Adresse Landesmuseum Württemberg, Sammlung Musikinstrumente und Klanglabor, Altes Schloss, Schillerplatz 6, 70173 Stuttgart, Tel. 0711/89535111, info@landesmuseum-stuttgart.de, www.landesmuseum-stuttgart.de // **ÖPNV** U 6, U 7, U 12, U 15 bis Haltestelle Schlossplatz // **Öffnungszeiten** Di–So 10–17 Uhr // ab 3 Jahre

TIPP: Etwa fünf Gehminuten entfernt befindet sich in der Geißstraße der Hans-im-Glück-Brunnen. Münze in den Brunnen werfen, Augen schließen, sich etwas wünschen, Augen auf – der Wunsch geht sicher in Erfüllung!

67_DIE TANDEM-SCHAUKEL

Lass mich, die Schaukel wird frei!

Jedes Kind weiß, dass es im Leben niemals aufhören wird zu schaukeln und zu lachen. Und es wird hoffentlich nie vergessen, dass es eigentlich fliegen kann. Zur Lebensfreude gehört ja auch der Umstand, dass zu zweit alles irgendwie schöner ist. Zumindest vieles. Wippen vielleicht nicht, wenn der Gegenpart zu schwer oder zu leicht ist.

Und wenn es darum geht, sich um die Schaukel zu prügeln, ist das auch nicht so toll. Schlange stehen möchte auf dem Spielplatz keiner. Und wenn die beste Freundin die Schaukel nicht hergibt, dann wird sie ganz schnell zur blöden Kuh.

Das alles kann hier nicht passieren. Auf dem Spielplatz am Stöckach im Unteren Schlossgarten wurde Abhilfe geschaffen. Bei der geknoteten Paarschaukel geht das Schaukeln wie von selbst! Ein netter Plausch, gemeinsam nebeneinander fliegen. Wer müde ist, lässt schaukeln – denn hier passiert alles zu zweit. Verkürzt die Wartezeiten ungemein und verhindert so manches Gequengel in der Schlange vor der Schaukel. Zwei Plätze, drei dicke Taue zum Festhalten, und los geht's!

Die festen Taue, die ineinandergewoben sind, haben für zwei Hinterteile Platz und sind für jede Größe und jedes Gewicht geeignet. Kann also auch für die Eltern romantisch sein. Tagsüber oder abends, wenn die Zwerge im Bett sind und über dem Spielplatz die Sterne aufgegangen sind.

Adresse Unterer Schlossgarten, 70190 Stuttgart // **ÖPNV** U1, U2, U4, U9, U14 bis Haltestelle Stöckach, dann über die Brücke in den Park und zum Spielplatz, oder 17 Gehminuten vom Hauptbahnhof // **Öffnungszeiten** tagsüber für jeden, abends für Romantiker // ab 2 Jahre

TIPP: Nebenan gibt es eine kleine Radrennstrecke für BMX-Downhill-Anfänger. Eingezäunt und sicher.

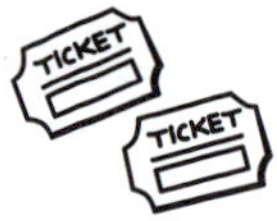

68_DIE TUNNELRUTSCHE

Flotte Fahrt durchs Kino

Es soll ja vorkommen, dass es in Mitteleuropa regnet und im ungünstigsten Fall ausgerechnet in den Ferien oder an den Wochenenden. Was tun bei Mistwetter? Die ganze Familie geht mal ins Kino. So richtig mit Popcorn und Süßigkeiten.

Cineastische Angebote gibt es reichlich in Stuttgart, auch mehrsprachig und im Originalton. Wobei die kleineren, alternativen Filmhäuser mit Sicherheit gemütlicher sind, herrscht dort doch noch eine gewisse Wohlfühlatmosphäre. Ein bisschen wie daheim eben.

Wer auf Holly- oder Bollywood steht, wird eher die größeren Filmtempel ansteuern. Die unterscheiden sich nicht wirklich voneinander. Warum wird hier ausgerechnet das CinemaxX an der Liederhalle empfohlen? Ganz einfach, weil es das einzige seiner Art ist, das eine Kinorutsche besitzt. Am besten den Film in einem der oberen Kinos anschauen, und dann heißt es: Schuhe aus und Abfahrt! Die Tunnelrutsche schlängelt sich vorbei an allen Besucherebenen und bringt nicht nur die kleinen Besucher im Affenzahn zurück ins Foyer.

Ohne gültige Kinokarte darf hier nicht gerutscht werden. Aber es schimpft auch keiner, wenn man sich nach Filmende noch ein wenig austobt. War der Film gut, ist es einfach herrlich, danach noch ein paarmal abzurutschen. Und falls er nicht so toll war, lohnt sich das Rutschen erst recht. Glücklicherweise dürfen die mitgebrachten Erziehungsberechtigten hier mitmachen!

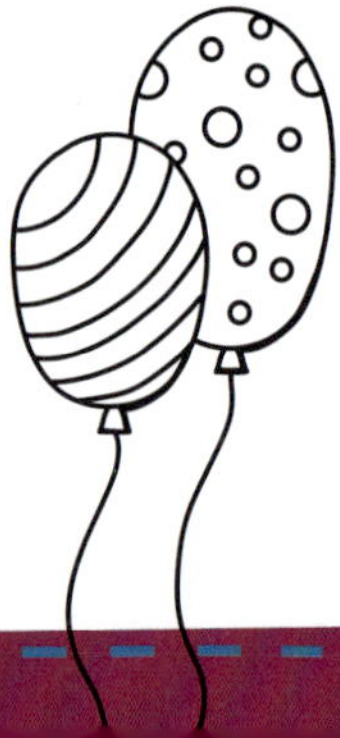

TIPP: Das »tierische« Schaufenster der Apotheke am Berliner Platz schräg gegenüber zeigt echte Waldtiere wie Marder, Fuchs und Hase.

Adresse CinemaxX Stuttgart Liederhalle, Robert-Bosch-Platz 1, 70174 Stuttgart, Tickethotline Tel. 040/80806969, www.cinemaxx.de // ÖPNV U 14 oder U 29, Haltestelle Berliner Platz // je nach Film

69_DER WEIDENFRISEUR

Hier werden Haare zur Schaukel

Wieso heißt die Trauerweide eigentlich Trauerweide? Ist sie wirklich traurig? Nur weil sie ihre Zweige und ihr Blattwerk so hängen lässt?

Kinder können so was ja nur schlecht verstehen, und dann diese Phantasielosigkeit der Erwachsenen! Vielleicht ist sie gar nicht traurig, sondern nur entspannt und lässt ihre Haare (nicht Blätter!) lang wachsen. Und was macht man mit langen Haaren? Kämmen vielleicht? Und flechten, na klar! Da ist eine Weide ein regelrechtes Paradies für kleine Finger.

Man nehme drei Bündel weicher Weidenzweige und flechte sie zu einem Zopf. Das Ganze wiederhole man zwei Mal. Die beiden dicken Zöpfe werden nun am unteren Ende ineinandergeflochten und so verbunden, dass ein großes U entsteht – fertig ist die Tarzanschaukel! Bitte Stärke der geflochtenen Stränge an Alter, Größe und Gewicht des Kindes anpassen, und dann kann es losgehen.

Wenn die Kinder lieber eine Dauerwelle machen wollen, nur zu! Dann sieht das Blattwerk eben wild und stürmisch aus.

Und da die Weide gar nicht so traurig ist, wie ihr Name sagt, freut sie sich über viele kleine und große Besucher, die in ihren Haaren baumeln und den Tag genießen. Nur bitte nicht rupfen, das würde den Baum irgendwann kahl werden lassen!
Und auch nichts kaputt machen. Wir wollen ja schließlich auch nicht jeden Tag zum Friseur! Und sollte sich ein vorbeigehender Passant doch aufregen: Wir wollen hier einfach nur spielen, ohne Verluste. Ehrenwort.

TIPP: Einer der kleinen Seen neben einem der zahlreichen Ententeiche hat eine Yogaplattform.

Adresse Unterer Schlossgarten, Reitzensteinstraße 23, 70190 Stuttgart // ÖPNV U 1, U 2, U 11, U 14 bis Haltestelle Mineralbäder, dann 4 Gehminuten // Öffnungszeiten immer zugänglich // ab 3 Jahre

70_DAS MIETBEET

Probier's mal mit Gemüslichkeit

Stuttgart wird grüner und alternativer. Das zeigt das letzte Wahlergebnis. Darauf sind die Bewohner ziemlich stolz. Denn die Stadt ist mehr als Baustelle und Dieselmief.

Wohnen in der Stadt ist bei vielen trotzdem angesagt. Wie bindet man da den grünen Daumen und die naturnahe Erziehung ein? Ein eigener kleiner Garten vielleicht? Der macht viel Arbeit, ist meist weit draußen und nicht weniger begehrt als eine Wohnung für die ganze Familie.

Das Konzept »DeinBeet« hat die perfekte Lösung auf Lager. Garten oder Gemüsebeete können hier unkompliziert angemietet werden. Dabei kann auf Wunsch jedes Jahr dieselbe Parzelle genutzt werden, um Dauerhaftes zu schaffen wie Beerensträucher oder Obstbäume. Selbst für ein Bänkchen oder eine Hängematte ist im eigenen Schrebergarten Platz.

Alternativ gibt es professionell angelegte Gemüsebeete, die bereits besät wurden und nur auf die nötige Pflege und die hoffentlich üppige Ernte warten. Das Beet wird ab März/April »übergeben« und bietet da bereits die ersten Erntemöglichkeiten von Salat oder Radieschen.

In einem Gemüsebeet kann genug wachsen, um eine vierköpfige Familie oder den gesamten Freundeskreis die ganze Saison über mit frischem, ungespritztem, regionalem Gemüse zu versorgen. Eine gesunde Alternative, die Spaß macht.

Alles, was für eine Saison nötig ist, ist inklusive: Jungpflanzen, Gartengeräte, Bewässerung, Gartenvlies, es gibt keine Extrakosten.

Adresse Storchshalde 200 (früher Aldinger Straße), 70378 Stuttgart-Mühlhausen, info@deinbeet.de, www.deinbeet.de // **ÖPNV** U 14 bis Haltestelle Mühlhausen, dann 13 Gehminuten // **Anfahrt** über die Landesstraße L 1100 bis zum Calendula-Garten (langsam fahren, Abzweig ist eine sehr schmale Straße und leicht zu übersehen) // ab 2 Jahre

TIPP: Das Umland ist Natur pur und lädt zum Spielen, Toben und Bleiben ein.

71_ DAS BADEWANNEN-THEATER

Planschende Geschichten

Ihr Kind badet nicht gern? Oder andersherum: Es ist eine Wasserratte und wäre am liebsten die ganze Zeit am oder im Wasser? Kultur ist Ihnen aber auch wichtig? Dann nichts wie ab in die Badewanne! Ob man tatsächlich nass wird? Ob man ein Handtuch mitbringen muss? Das weiß jeder Gast nach der Vorstellung. Also, überzeugen Sie sich selbst.

Das Badewannentheater ist ein Figurentheater und erzählt Märchen und Phantasiegeschichten. Vor allem spannende und lustige Tierabenteuer erfreuen die Kleinen und Kleinsten. Die Altersangaben variieren je nach Stück zwischen drei und fünf Jahren. Kindgerecht soll es sein, spannend und lustig, aber keinesfalls überfordernd. Auch die Erwachsenen haben hier Spaß, vorausgesetzt, sie mögen die Badewanne. Für dieses außergewöhnliche Ambiente ist niemand zu alt. Wie es zu diesem Namen kam? Der Zuschauerbereich ist abgesenkt, leider sitzt man nicht in der Emaille. Aber die denkt man sich einfach dazu. Die Hauptakteurin und Produzentin Antonie Fröhlich macht ihrem Namen alle Ehre und spielt seit 40 Jahren die unterschiedlichsten Charaktere und Stimmen selbst. Die Figuren und Bühnenbilder baut sie ebenfalls. Mit wie viel Liebe und Leidenschaft sie dabei ist, lässt sich an den glänzenden, faszinierten Augen der Kinder ablesen.

Hereinspaziert, hereinspaziert! Hier sind Sie auch ohne Badekleidung willkommen.

TIPP: Die kleine Parkbahn dampft hinter dem Theater los und fährt die vergnügt quiekenden Insassen einmal über das Gelände des angrenzenden Parks.

Adresse Theater in der Badewanne, Stresemannstraße 39 d, 70191 Stuttgart, Tel. 0711/2573825, info@theater-in-der-badewanne.de, www.theater-in-der-badewanne.de // ÖPNV U 5 oder Bus 44 bis Haltestelle Killesberg, dann 12–15 Gehminuten durch den Park bis zum Theater (beim Perkins Park), U 13 bis Haltestelle Pragsattel, dann durch den Cannstatter Eingang, 12–15 Minuten Fußweg, U 6, U 7, U 15 bis Haltestelle Pragsattel oder Maybachstraße, von dort circa 12–15 Gehminuten // 3–5 Jahre

72_DIE DINOSAURIER

Ausgrabungen selbst gemacht!

Es liegt ja in der Natur der Dinge, dass Museen eher langweilig sind. Weit gefehlt – denn hier gibt es eine Ausstellung, die sich über die gesamte Geschichte der Erde erstreckt. In begehbaren Räumen kann man den Neandertalern zuschauen, wie die damals so gelebt haben. Und das »Damals« bekommt eine ganz neue Dimension. Sämtliche Epochen sind hier aus- und naturgetreu nachgestellt. Der »flauschige« Elefant ist nichts anderes als der Ururgroßvater desselben – ein Mammut. Das kann man hier mit seinem Nachwuchs betrachten.

Die Ecke der Dinosaurier ist nichts für schwache Nerven. Spätestens wenn Tyrannosaurus Rex seinen Riesenschädel durch die Wand drückt, kann sich Kindchen schon mal in der Kniekehle der Eltern verstecken. Interessant und weniger gruselig ist der Sandkasten, in dem sich wochentags deutlich weniger Kinder tummeln. Schuhe aus, rein ins Vergnügen und graben. Denn hier dürfen Skelettteile ausgebuddelt werden. Das ist schon für die Kleinsten interessant. Größere Kinder können versuchen, die Skelettteile richtig zuzuordnen.

Hier ist für jedes Alter was dabei, und durch den interaktiven Bereich ist es zum Glück auch ein Museum zum Anfassen!

Jede Menge Knöpfe und Monitore zum Ausprobieren machen es für Vorschul- und Grundschulkinder zum Erlebnis, hier aktiv zu sein. Es darf gemalt und gestaltet werden. Obwohl das Museum immer viele Besucher hat, ist es erstaunlich leise. Das könnte am strengen Blick der WärterInnen liegen.

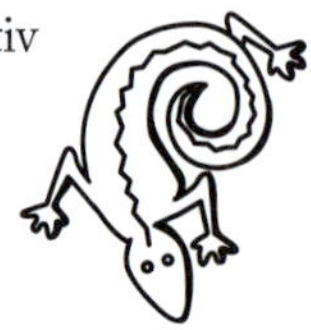

Adresse Naturkundemuseum am Löwentor, Rosenstein 1, 70191 Stuttgart, Tel. 0711/89360, www.naturkundemuseum-bw.de // **ÖPNV** U 12, S 4, 5, 6, 60 bis Nordbahnhof, dann zwei Gehminuten // **Öffnungszeiten** Di–Fr 9–17 Uhr, Sa, So, Feiertage 10–18 Uhr, Mo geschlossen // ab 2 Jahre

TIPP: Der Weg hinter dem Museum führt direkt in den Rosensteinpark, der zum Spielen und Spazieren einlädt.

73_DIE GIRAFFENRUNDE

Tagsüber dreht sich das Karussell, nachts die Tänzer

Der Spielplatz Höhenpark befindet sich hoch oben auf dem Killesberg. Eine Seilbahn, ein Karussell, Schaukeln – alles, was der Nachwuchs eben so braucht. Doch es gibt auch eine silberne Erdkugel – also zumindest eine halbrunde, quasi die nördliche Hemisphäre. Die südliche ist in der Erde versteckt. Auf ihr kann man herrlich rutschen. Sie glänzt silbern in der Sonne und ist nicht leicht zu erklimmen, aber gerade das macht sie so spannend.

Wem das nicht anspruchsvoll genug ist, wer lieber höchste Höhen erklimmt, der klettert auf den frei schwebenden Aussichtsturm. Achtung: Der ist nichts für Höhenängstliche! Einmal den Blick auf ganz Stuttgart von einem Turm, der sich sanft hin- und herbewegt, genießen. Bei Sturm ist er gesperrt. Niemand will die Geschichte vom fliegenden Robert aus dem Struwwelpeter live erleben!

Was gibt es hier noch? Das Eliszis Jahrmarktstheater entführt Groß und Klein in eine andere Welt, auf einen historischen Jahrmarkt. Ein nostalgisches Karussell dreht sich auch für die Kleinsten. Pferdchen oder Kutsche? Wie wär's mit einem Ritt auf der Giraffe? Auch die gehört zum Karussell. Und nachts drehen hier Salsa- oder Tangotänzer ihre Kreise, denn dann wird die Fläche des Pavillons zur Tanzfläche.

Im Theater des Jahrmarkts finden regelmäßig Veranstaltungen für alle Altersgruppen statt. Sei es ein lustiger Nachmittag mit einem Clown oder eine Puppentheater-Aufführung. Danach gibt es Waffeln, Popcorn oder beides.

TIPP: Wer sich leise über den Höhenpark schleicht, entdeckt einen rosafarbenen Vogel, der auf einem Bein steht und eigentlich nicht in Stuttgart geboren ist – einen Flamingo.

Adresse Stresemannstraße, 70191 Stuttgart, Kontakt: Thomastraße 99, 70192 Stuttgart, Tel. 0711/2572815, www.eliszis.de // **ÖPNV** U5 bis Haltestelle Killesberg, U6, U7, U15, Haltestelle Löwentorbrücke, dann 5 Gehminuten // **Öffnungszeiten** Jahrmarktstheater April–Okt. Mo–Fr ab 14 Uhr, Feiertage, Ferien und Wochenenden ab 11 Uhr, Park immer zugänglich // ab 2 Jahre

74_DAS KUNSTLIED

Wie klingen Schiller und Beethoven?

Zwischen Liederkunst und Kunstlied gibt es an diesem Ort alles zum Thema Musik und Gesang, was Kinderohren und -stimmen sich wünschen.

Denn hier ist der Name Programm. In diesem musikalischen Paradies werden Liedkonzerte für Kinder, Familien und Schulklassen angeboten. In regelmäßig stattfindenden Projekten wird ein bestimmtes Stück gesungen, gespielt und geübt und am Ende bei einer Aufführung vorgestellt. Aktuell ist es Mozarts »Zauberflöte«. Einstudiert wird das Stück jedes Jahr in einer anderen Grundschule mit sozial benachteiligten Kindern, die von Haus aus keinen Zugang zu Kultur und Musik haben. Die Aufführung ist für jedermann geeignet und dient ebenso der Förderung junger Talente.

Familienkonzerte finden grundsätzlich sonntagvormittags statt, damit alle Familienmitglieder dabei sein können.

Die Kleinen, die gern singen, können sich im Kinderchor erproben und trällern, was das Zeug hält.

Die Idee der LiedKunst-KunstLied-Fusion ist es, Musik und Literatur für Ohren jeden Alters zugänglich zu machen. So werden bei den KunstLied-Konzerten gesprochenes und gesungenes Wort, Sprache und Musik miteinander verbunden. Der Musiker vertont den Dichter, der Dichter beflügelt den Musiker. Wie das am Ende klingt? Hoffentlich harmonisch, so als würden Goethe und Mozart zusammen lachen!

TIPP: Lust auf eine kulinarische Fusion? Im RED – Refugees Best Kitchen – am Weißenhof 1 in der Nähe des Killesbergs gibt es köstliche Speisen.

Adresse LiedKunst-KunstLied, Dornbuschweg 15, 70191 Stuttgart, Tel. 0711/8177954, kontakt@liedkunst-kunstlied.de, www.liedkunst-kunstlied.de // **ÖPNV** U 6, U 7, U 15 bis Haltestelle Pragsattel, dann 6 Gehminuten // je nach Programm

75_DIE ÖKOSTATION

Mein Klassenzimmer ist grün

Ein Idyll für den kleinen grünen Daumen. Die Ökostation der Volkshochschule lässt für kleine und große Naturliebhaber keine Wünsche offen. Hier erwartet die Besucher ein Naturgarten mit vielen heimischen Biotopen, ein Nutzgarten – also ein Garten mit allem, was man futtern kann –, dazu jede Menge Obst und eine Kompostanlage. Wieso dampft der Kompost? Und was bedeutet es, den Kompost »anzuzünden«? Viele spannende Fragen, auf die es hier jede Menge Antworten gibt.

Wie wäre es mit einem Besuch im Insektenhotel? Neu ist außerdem der Holzspantunnel, der nicht zu beschreiben ist, aber unbedingt gesehen werden muss. Der Garten lädt an den Nachmittagen auch zum Mitmachen ohne vorherige Anmeldung ein.

Im grünen Klassenzimmer gibt es viel zu lernen, zu schauen und zu probieren. Es besteht auch die Möglichkeit, den Kindergeburtstag hier zu feiern. Sogar mit geschlossenen Augen und barfuß. Denn im Sinnesgarten kann die Natur mit allen Sinnen wahrgenommen werden. Ein Erlebnis – nicht nur für den Nachwuchs.

Die Umgebung hat jede Menge Natur zu bieten – einen kleinen Bach und Streuobstwiesen, auf denen der Apfel den Weg direkt in den Bauch findet.

Und was gibt es im Ökohaus zu entdecken? Im Naturlabor können mit verschiedenen Messinstrumenten biologische und chemische Analysen durchgeführt werden. Und im Backhaus gibt es selbst gebackenes Brot aus einem Holzofen. Wenn es abgekühlt ist, ein Genuss, der geradezu auf der Zunge zergeht.

Adresse Wilhelm-Blos-Straße 129, 70191 Stuttgart, Tel. 0711/1873834 // ÖPNV U 6, U 7, U 15 bis Haltestelle Löwentorbrücke, über die Brücke und links in den Wartbergpark einbiegen, von dort circa 7 Minuten zu Fuß // Öffnungszeiten Veranstaltungen unter www.vhs-stuttgart.de // ab 3 Jahre

TIPP: Noch mehr Natur gefällig? Dann ab »Ins Blaue«, ein gemütliches und ganz in Blau eingerichtetes kleines Restaurant (Wartbergstraße 40).

76_DER WARTBERG

Lieber nass als trocken

Glaubt man manchen Forschungsergebnissen, so hat das Bedürfnis, sich nass zu machen, zu planschen und im Wasser zu spielen, maßgeblich mit dem neun Monate langen Aufenthalt im Mutterleib zu tun. Selbst Elefantenkinder werfen sich in den Schlamm und besudeln sich mit dem Rüssel. In unseren Breiten wurde hierfür die Wasserpistole erfunden. Die einzige politisch korrekte Waffe, die ein Kind tragen darf.

Schwimmbäder, Tümpel, Wasserspielplätze, ja selbst Pfützen wurden von der Natur oder von Menschenhand erschaffen, weil sie das feuchtfröhliche Tummeln möglich machen. Noch nie hat sich ein Kind am Wasser gelangweilt. Ein optimaler Ausflug also für die Eltern, wenn sie heimlich mal telefonieren oder gar ein Buch lesen wollen. Der Nachwuchs wird beschäftigt und glücklich sein.

Über verschiedene Ebenen, aus diversen Brunnen und Gefäßen rinnt am Wartberg das erfrischende Nass. Nicht jeder findet, dass Wasser zum Spielen verschwendet werden soll. Die Stadt Stuttgart bescheinigt aber, dass es sich nicht um Trinkwasser handelt, das hier wegfließt. Gereinigt wird es trotzdem, damit niemand krank wird beim Spielen. Denn so ganz ohne Wasserschlucken geht das meistens nicht über die Bühne. Und die Kleinen sind immer glücklich, wenn sie nass sind. Das Zauberwort heißt hier: Wechselkleidung! Genießen Sie einen feuchtfröhlichen Ausflug und legen Sie einfach mal die Beine hoch.

Ob Staudamm, Wasserschraube oder Quirl, ob Wasserrad oder Windmühle – hier gibt es viel auszuprobieren! Sicher ohne Langeweile!

TIPP: Nicht weit entfernt befindet sich die Panoramaplattform Wartbergpark, von der man eine atemberaubende Aussicht über den Kessel hat (Stresemannstraße 40).

Adresse Wartbergpark, 70191 Stuttgart // **ÖPNV** U 6, U 7, U 15 bis Haltestelle Löwentorbrücke, dann 700 Meter zu Fuß // **Öffnungszeiten** Park immer zugänglich, Wasserzulauf von Frühjahr bis Herbst // ab 2 Jahre

77_DIE EIERLEGENDE WOLLMILCHSAU

Du altes Schwein!

Und welche Verbindung hat Stuttgart zum Schwein, dass die Stadt dem Tier ein ganzes Museum gewidmet hat?

Sieht man sich die Adresse an, ist klar, dass hier einst viele grunzende Vierbeiner ihr jähes Ende fanden. Damals ein Schlachthof, heute eher ein Denkmal.

Zum Glück gibt es im Museum jede Menge andere Dinge zu sehen, die nichts mit der Schlachtbank zu tun haben.

Keine Sorge: Das Museum ist kindgerecht aufbereitet. Die akribische Schweinesammlerin und passionierte »Schweinebeauftragte« Erika Wilhelmer hat aus ihrer Sammlung vielfältige Elemente ausgewählt und zusammengestellt, die die Kinder in den unterschiedlichen Themenräumen des Schweinemuseums besuchen und anschauen können. Und auch Prominenz ist hier zu finden: das Rennschwein Rudi Rüssel und ein Schweinchen namens Babe! Da sich die Ausstellung auch an den Lehrplänen des Landes orientiert, gibt es hier viel Informatives zum Thema Schwein und dessen Haltung und zur Aufzucht.

Warum ist das Schwein eigentlich ein Symbol für Glück? Woher stammt der Ausspruch »Schwein gehabt«? Fragen an das Maskottchen »Lucky«, das die Kinder bei ihrem Rundgang begleitet.

In den Ferien findet ein gesondertes Veranstaltungsprogramm für Kinder statt. Und zum Geburtstag auf in die »versaute« Bahn und einen schweinischen Tag im Museum verbringen! Angestoßen wird mit »Miss Piggy«.

TIPP: In der Uferstraße befindet sich die Kartbahn Kart-o-Mania.

Adresse Schweinemuseum, Schlachthofstraße 2a, 70188 Stuttgart, Tel. 0711/66419600, saugut@schweinemuseum.de, www.schweinemuseum.de // ÖPNV U 9 (Hedelfingen) bis Schlachthof, dann 3 Gehminuten // Öffnungszeiten Mo–So 10–18.30 Uhr; Preise: Kinder bis 4 Jahre frei, 4–6 Jahre 1,50 Euro, 7–14 Jahre 3 Euro // ab 3 Jahre

78_DAS FAMILIENYOGA

Lass den Löwen raus!

Hund, Katze, Kuh und Löwe – die gibt es nicht nur im Zoo oder im Garten. Wenn Ihr Kind demnächst das kleine Gesicht zu einer schrumpeligen Schnute zusammenzieht und aussieht wie eine Rosine, um gleich im Anschluss mit weit aufgerissenen Augen die Zunge rauszustrecken und laut zu fauchen – keine Sorge, Ihr Kind ist nicht unbedingt wütend. Es macht Yoga! Präzise gesagt: Es macht gerade den Löwen.

Jedes Kind liebt Bewegung. Wie früh Yoga auf dem Plan beziehungsweise auf der Matte der Erziehung stehen soll, bleibt jedem selbst überlassen. Trotzdem kann die Unterstützung des natürlichen Bewegungsdrangs, mit gezielten und kindgerechten Yogaübungen kombiniert, sehr förderlich für die Entwicklung der Jüngsten sein.

Besonders wenn der Schulalltag viel ungesundes Sitzen erfordert und es mit der Konzentration spätestens bei den Hausaufgaben hinüber ist, helfen neben dem Löwen auch der Katzenbuckel, der Fisch, die Kuh und für Sportliche der Skorpion. Früh übt sich, wer bewusst atmen und zur Ruhe kommen will. Immer mehr Kinder haben ein angeborenes Bedürfnis nach Meditation, was manchen Pädagogen zu Recht beeindruckt.

Und wie oft kommt es im Leben auf die Haltung an! Alles läuft hier spielerisch und kindgerecht ab. Im Yogaunterricht gibt es außerdem Entspannungs- und Konzentrationsübungen. Das Schöne an den Kursen: Es gibt nur individuelle Kurse für Kinder oder für die ganze Familie. Hier ist Familienyoga angesagt.

Adresse Yoga mit Giulia, Haußmannstraße 122, 70188 Stuttgart // ÖPNV Bus 42 bis Haltestelle Urachstraße, dann 170 Meter zu Fuß // Öffnungszeiten Kontakt: info@giuliayoga.de, Tel 0163/9016641 // ab 3 Jahre

TIPP: Wie wäre es mit einem Picknick auf der Uhlandshöhe? Die ist nicht weit entfernt und bietet neben einem kleinen Spielplatz auch eine hervorragende Aussicht über die ganze Stadt.

79_DIE GLÜCKS-AUGENBLICKE

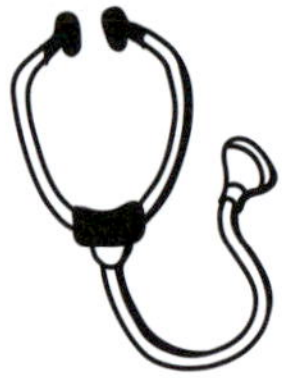

Zwischen Trauer und Hoffnung

Ein Streit um die Hausaufgaben, die sich nicht von selbst machen, oder um das dritte Eis, das es jetzt einfach mal nicht geben soll. In normalen Familien ein ganz gewöhnlicher Teil des Alltags.

Für viele Eltern sind das jedoch Konflikte, nach denen sie sich sehnen. Einfach ein bisschen Normalität zwischen all dem Chaos und den Herausforderungen, die der Alltag bringt. Nicht jedes Leben dauert lang, und nicht jede Kindheit verläuft unbeschwert. Im Hospiz für Kinder und Jugendliche finden schwer kranke junge Menschen ein würdiges Umfeld, um aus dem Leben zu scheiden. Eine liebevolle Trauerbegleitung unterstützt die Familien.

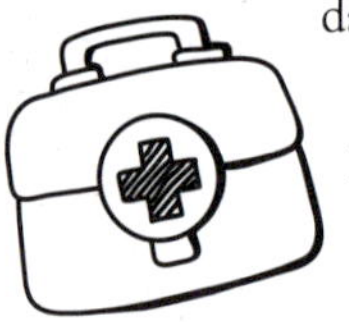

Es gibt auch andere Herausforderungen, die das Leben belasten. Erkrankt oder stirbt ein Familienmitglied, haben die Angehörigen, besonders die Geschwisterkinder, eine schwere Zeit. Auch in diesen Fällen spendet das Kinderhospiz Trost. Bei der Aktion »Glückliche Augenblicke« können sich Kinder, die im Elternhaus eine schwierige Zeit durchgemacht oder Verluste erlitten haben, anmelden und mal wieder das Leben oder zumindest einen schönen Moment genießen.

Gibt es etwas Schöneres als ein strahlendes Kinderlächeln? Kaum. Und gerade in den dunkelsten Momenten muss man der Seele ein Lächeln schenken.

Adresse Kinderhospiz, Diemershaldenstraße 7–11, 70184 Stuttgart // **ÖPNV** U 15 bis Haltestelle Eugensplatz, dann 3 Gehminuten // **Öffnungszeiten** Anmeldung für das Programm »Glückliche Augenblicke« unter e.schumacher@hospiz-stuttgart.de, Tel. 0711/23741833

TIPP: Vom Bubenbad aus hat man eine herrliche Aussicht über die Stadt. Picknick einpacken und Fernblick genießen!

80_DIE KINDER-WERKSTATT

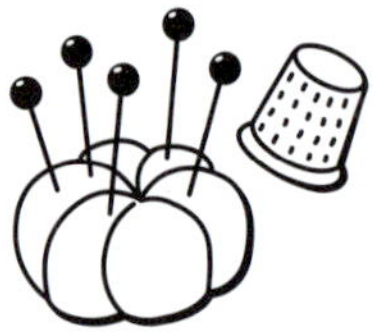

Nadel, Faden, Kleber, Knete

Die Kinderwerkstatt ist ein Paradies für neugierige Kids, die gern alles anfassen und ausprobieren. Dabei vor allem Dinge, die eigentlich zu scharf, zu kantig oder zu gefährlich sind. Zum Glück sind die Zeiten von »Messer, Gabel, Schere, Licht sind für kleine Kinder nicht« spätestens seit Maria Montessori vorbei.

Anfassen, ausprobieren und selbst machen. Für Kinder ab sechs Jahren gibt es in der Kinderwerkstatt allerlei Kurse zum Malen, Drucken, Nähen, Modellieren, Plastizieren, Bauen, Erzählen, Erfinden oder Erforschen.

Für NäherInnen bietet der Kurs »Nadel, Faden, Rüschenrock« die Möglichkeit, Kindermode selbst herzustellen. In der Metallwerkstatt können Leuchtobjekte gefertigt werden. Und es gibt Keramik-, Kunst- und Mal-Ateliers und einen Taschennähkurs.

Hier bleibt handwerkliches Interesse nicht unbeantwortet.

Größere Kinder kommen bei den »Electro Kids« auf ihre Kosten, wenn sie erstmals in die Welt der Elektronik eintauchen. Auch praktisch, falls dann zu Hause mal eine Lampe angeschlossen werden muss. Und Fernseheulen gestalten ihren eigenen Trickfilm.

Geburtstag? Den kann man hier im Café feiern mit künstlerischen und handwerklichen Angeboten für die kleinen Gäste. Kuchen bitte selbst mitbringen, Getränke hier erstehen. Das Haus ist eine alte Villa mit Turmaufgang. Der ganze Ort inspiriert dazu, kreativ tätig zu sein. Jede Etage widmet sich einem eigenen Thema.

Adresse Werkstatthaus, Gerokstraße 7, 70188 Stuttgart, Tel. 0711/241849, info@werkstatthaus.net, www.werkstatthaus.com // **ÖPNV** U 15 bis Haltestelle Heidehofstraße; dann 2 Gehminuten // **Öffnungszeiten** Di 17–22 Uhr, Mi–Fr 14–22 Uhr, Sa 14–20 Uhr // ab 6 Jahre

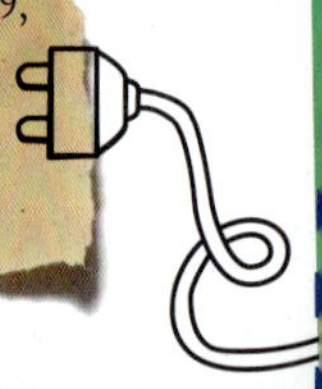

TIPP: Im Erdgeschoss befindet sich das Café Arg mit saisonal betriebener Gartenkneipe (Di–Fr 16–23 Uhr, Sa 14–19 Uhr).

81_DER KLEINE ONKEL

Da steht ein Pferd auf dem Flur

Der in den 70er Jahren von engagierten Anwohnern des Stuttgarter Ostens gegründete Aktivspielplatz »Aki« ist ein generationsübergreifendes Gemeinschaftsprojekt, das sowohl Kinder und Jugendliche als auch Behinderte, Familien und Senioren anspricht.

Neben einem herrlichen Miteinander in diesem kunterbunten »Wohnzimmer in der Natur« geht es um Bewegung, Gesundheit, Umwelt, Natur und selbstverständlich um Tiere.

Der Aktivspielplatz ist inzwischen zur Jugendfarm expandiert. Hier wohnen Hühner, Hasen, Schafe und Pferde. Außerdem ist hier der kleine Onkel von Pippi Langstrumpf zu Hause, der berühmte gepunktete Schimmel. Ob Pippi auch da ist? Zumindest erinnert das Gelände an die Villa Kunterbunt, denn hier ist alles bunt gestrichen und gestaltet. Ob Zaun, Kletterwand oder Koppel, es ist ein farbenfrohes Spektakel, das Friedensreich Hundertwasser gefallen hätte. Grau gibt es hier jedenfalls nicht.

An der Feuerstelle wird gebraten und gebrutzelt, und auch sie ist liebevoll in Mosaiksteine eingefasst, die selbstverständlich das Werk von kreativen Kinderhänden sind.

Das Herzstück der liebevollen Arbeit ist der regelmäßige Besuch im benachbarten Altenheim. Freiwillige Helfer besuchen mit den Kindern und Tieren die Bewohner. Wenn dann einer sagt »Hier steht ein Pferd aufm Flur« – dann hat er möglicherweise ziemlich recht! Die Kinder sind eingeladen, sich einzubringen, um so die Idee des generationenübergreifenden Wohnens zu beleben.

Adresse Aktivspielplatz Raitelsberg e. V., Poststraße 78–94, 70190 Stuttgart, Tel. 0711/264870, info@aki-raitelsberg.de, www.aki-raitelsberg.jimdo.com // ÖPNV U9 bis Raitelsberg, dann 8 Gehminuten // Öffnungszeiten Mi–Fr 13.30–17.30 Uhr, Sa 12–17 Uhr // ab 3 Jahre

TIPP: Einmal über die Brücke der B 14, und man ist direkt am Neckar und kann den Fußweg entlang bis zur Wilhelma laufen.

82_DER KUNST-KLETTER-WÜRFEL

Ist das Kunst, oder kann das weg?

Natürlich kann er nicht weg, dieser Würfel. Was für die einen ein eindrucksvolles Kunstwerk ist, das von einer Baugenossenschaft gesponsert und von dem Künstler Faustino Aizkorbe geschaffen wurde, wird von anderen gar nicht registriert. Kunst ist Geschmackssache. Und Kinder machen bekanntlich aus jedem Gegenstand ein Spielzeug!

Für alle Kinder unter 13 ist diese rostige Kunstskulptur ein Klettergerüst erster Güte. Auf der in sich gewundenen Skulptur kann der kreative Kletterer in 3-D klettern und sich über mehrere schiefe Ebenen durch den Würfel-Kubus-Quader hangeln.

Fertig mit Spielen? Auf der Allee in Richtung Bahnhof ergießt sich an einem Brunnen die holde Maid und kippt ihr Wasser in knöcheltiefe Wasserstraßen, auf denen ohne Ertrinkungsgefahr Staudämme gebaut und Boote fahren gelassen werden können. Ein wirklich schöner Brunnen! Mit extra Rinne für Boote aus Baumrinde.

Weiter stadteinwärts gibt es eine große Grillstelle, die international gut besucht ist. Weiter geht's auf dem bunten Nachmittagsspaziergang um die Teiche im Schlossgarten. Und hier ein Rätsel: Hasen sind eigentlich grün und viel größer. So groß, dass man sich auf ihren Rücken setzen kann. Außerdem haben sie überall bunte Striche. Wo der Hase ist? Stadteinwärts, ganz in der Nähe des Nimm-und-Gib-Bücherregals beim Spielhaus. Dort gibt es außerdem einen kleinen Spielplatz sowie verschiedene Veranstaltungen im Außenbereich oder drinnen im Spielhaus.

Adresse Unterer Schlossgarten, 70190 Stuttgart // **ÖPNV** U 1, U 2, U 14 bis Haltestelle Mineralbäder, von dort in Richtung Park gehen, unterhalb der Treppen, gegenüber den Teichen // **Öffnungszeiten** immer zugänglich // ab 3 Jahre

TIPP: Das »Flora und Fauna« ist der schönste Biergarten in ganz Stuttgart mit vielen vegetarischen Optionen. Es gibt ein Leseregal, verschiedene Spiele, eine Tischtennisplatte und wippende Hängesessel.

83_DAS STERNTALER

Es war einmal …

»Weißt du, wie viel Sternlein stehen …?« So lieblich besungen, bietet die Sternwarte den praktischen Einblick in die Welt der Sterne. Wo? Auf der Uhlandshöhe im Stuttgarter Osten gibt es einen schönen Ausguck über das funkelnde Lichtermeer der Stadt – und bei klarer Sicht auch auf das funkelnde Firmament über uns.

Wer genau schauen möchte, der nimmt ein Fernglas – und wer eine professionelle Erläuterung möchte, der stattet der Sternwarte einen Besuch ab. Hier kann man den Vollmond beobachten und ganz genau unter die Lupe nehmen – beziehungsweise unter das Fernrohr. Auch Sonnenfinsternisse sind hier im Veranstaltungskalender vorgemerkt. Und jeden Sonntag von April bis Oktober kann nachmittags um drei Uhr die Sonne bestaunt werden. Ist sie wirklich so weit weg?

Was sehen wir, wenn wir durch das Fernglas schauen? Kann man uns auch sehen von dort oben? Und wer sitzt auf dem Bänkchen unter der Sternwarte? Richtig, die Märchenfigur Sterntaler.

Kennst du das traurige Märchen? Und dann hat es ein so schönes Ende. Wenn du dich neben Sterntaler setzt und ihrem Blick folgst, kannst du am Abend gemeinsam mit ihr viele Sterne sehen. Die Augen werden schwer? Macht nichts, unter den Sternen schläft es sich wunderbar. Am besten ganz gemütlich an Papas Schulter.

Adresse Schwäbische Sternwarte e.V., Zur Uhlandshöhe 41, 70188 Stuttgart, Tel. 0711/281871, www.sternwarte.de // **ÖPNV** Bus 42 ab Schlossplatz bis Urachstraße, dann 13 Gehminuten, oder U 15 Richtung Fernsehturm bis Heidehofstraße, dann 10 Gehminuten // **Öffnungszeiten** je nach Planetenkonstellation, Vollmond und Sonnenfinsternis im Kalender, Sonnenbeobachtung April–Okt. immer So 15 Uhr // ab 3 Jahre

TIPP: Der liebevoll gestaltete Garten der Waldorfschule ist gleich nebenan. Da lohnt sich ein Besuch mit den kleinen grünen Daumen.

84_DAS ZORELLA

Günstig, sozial, gemeinsam

Das Kinderkaufhaus Zorella bietet alles, was das Kinderherz an Kleidung, Spielzeug und Büchern begehrt. Der Vorteil: Die Dinge sind nachhaltig und für jedes Portemonnaie erschwinglich.

Der Laden bietet Eltern aus dem Stadtteil gleichzeitig die Möglichkeit, sich zu treffen. Die Kleinsten kommen in einer Spielecke auf ihre Kosten, während sich die Eltern in Ruhe unterhalten und gegenseitig unterstützen können.

Wie auch in den anderen Sozialkaufhäusern des Frauenunternehmens Zora wird im Kinderkaufhaus bewusst auf den ökologischen Aspekt des Recyclings geachtet. Da es sich um gebrauchte Gegenstände handelt, sind die Waren weitestgehend schadstofffrei oder auf jeden Fall schadstoffärmer als viele Neuwaren.

Das Unternehmen bietet Arbeitsplätze für Frauen und unterstützt sie dabei, selbstständig zu arbeiten und auch ohne oder mit geringer Qualifikation einer sinnvollen und nützlichen Tätigkeit nachzugehen.

Und weil Lesen und Zuhören gesund sind, heißt es jeden Montag um 16 Uhr eine Stunde lang: »Leseohren aufgeklappt!«. Der Verein »Leseohren« liest dann allen interessierten Kindern Geschichten und Märchen vor. Die Eltern sind natürlich auch willkommen und dürfen zuhören – oder eben in einer Ecke mit anderen Eltern quatschen.

Das Kaufhaus freut sich immer über gut erhaltene Spenden, egal, ob Kleidung, Spielzeug oder Babyzubehör.

Adresse Hackstraße 9–11, 70190 Stuttgart, Tel. 0711/2684352531, www.zora-ggmbh.de, zorella@zora-ggmbh.de // **ÖPNV** U 4 bis Haltestelle Ostendplatz, Bus 40, 42, 45 und 56, Haltestelle Wagenburgstraße // **Öffnungszeiten** Mo 13–18 Uhr, Di–Fr 11–18 Uhr // ab 3 Jahre

TIPP: Die herrliche Parkanlage der Villa Berg ist fußläufig zu erreichen.

85_DER FEUER-SALAMANDER

Wo sich Fuchs und Hase Gute Nacht sagen

Die dorfähnlichen Gemeinden Stuttgarts haben meist den Vorteil, an einem Waldstück zu liegen. So kann man sich auch hier an der Busendhaltestelle Rohracker unmittelbar in die Wildnis begeben. Gefällte Bäume zum Balancieren, Hänge, an denen man sich abseilen kann, und ein Bach zum Bootefahrenlassen.

Auf dem Weg in den Wald liegen rechter Hand und in Hanglage einige wenige Kleingärten. Hier lohnt es sich, sich heranzupirschen – denn einer der Gärten hat einen wilden Besucher. Ein Reh kommt hier regelmäßig her und labt sich an den Rosenknospen im Garten. Früher gab es Kastanien, Nüsse und Äpfel, jetzt ist eher ein Strauß Rosen angesagt.

Wer keine Angst vor Dunkelheit hat und ein gängiges GPS bei sich trägt, dem sei die Runde durch den Wald bei Dämmerung empfohlen. Denn da geht es richtig los: Es raschelt und wuselt und knistert, was das Zeug hält. Da kann man sich schon einmal fürchten, aber mit Papas Taschenlampe und besagtem Navi können sich die kleinen Räuber auf leisen Füßen den Rundweg entlangschleichen. Kurz vor Einbruch der Dunkelheit bietet dieses Waldstück die höchste Dichte an Feuersalamandern pro Quadratmeter in Stuttgart. Natürlich ist beim Aufspüren kollektive Stille angebracht. Wenn es dann schwarz-gelb im Laub glitzert und raschelt, ist das der unter Naturschutz stehende Feuersalamander. Sieht spannend aus, aber bitte nicht anfassen! Die Haut enthält Giftdrüsen.

Adresse Weinklinge/Tiefenbachstraße, 70329 Stuttgart // ÖPNV Bus 62 bis Haltestelle Rohracker (Endhaltestelle) // ab 4 Jahre

TIPP: In der Rosengartenstraße 49 a befindet sich ein Hang voller Gartenzwerge jedweder Art, Gattung und Stimmung.

86_DAS HÖHENGRAB

Hügellauf statt schnödem Sonntagsspaziergang

Die Grabkapelle ist und bleibt zu Recht ein beliebtes und an den Wochenenden stark frequentiertes Ziel eines Spaziergangs. Sie kennen das doch: Sie möchten einen Familienausflug machen, und die Kinder quengeln die ganze Zeit. Hier sorgt die Umgebung für Abwechslung.

Zum Glück sind da die Hänge und Treppen, die die Grabkapelle umsäumen. Beginnt man den Spaziergang in Untertürkheim, geht es steil bergauf. Doch zwischen den Weinreben gibt es die vielen kleinen Treppchen – die sich kaum besser eignen könnten für das Treppenraten. Wie das geht? Man stellt Fragen, und wer die richtige Antwort kennt, steigt eine Stufe höher. Macht Spaß, geht ganz leicht – und ohne es zu merken, ist der Aufstieg geschafft. Da der Bereich unterhalb der Kapelle verkehrsberuhigt ist, können die Weinberge und Hügel unkompliziert zum Toben genutzt werden.

Die beste Zeit für einen Ausflug ist der Herbst, wenn sich im 360-Grad-Rundumblick das Panorama der sich färbenden Weinberge ausbreitet. Das finden sogar die Kinder schön. Neben den Treppen gibt es zwei größere Schalen oder Kelche. Sie sind hervorragend geeignet, um darin eine imaginäre Schneckensuppe zu »kochen« oder sich gemütlich niederzulassen und die Aussicht zu genießen.

Noch nicht genug? Kein Problem – hier oben weht immer ein Lüftchen. Also: den Drachen einpacken und steigen lassen.

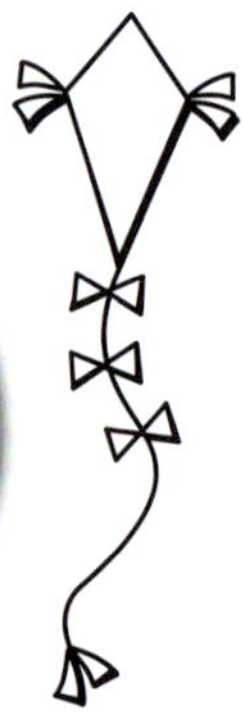

TIPP: In der Kelterei Collegium Wirtemberg gibt es für die Eltern ein Gläschen Wein zur Erholung (www.collegium-wirtemberg.de, Mo–Fr 9–12 und 13–18 Uhr, Sa 9–16 Uhr). Branntweine werden erst ab 18 Jahren ausgeschenkt, insofern ist dies eher ein Genuss für die Eltern als für die Kinder.

Adresse Württembergstraße 340, 70327 Stuttgart, www.grabkapelle-rotenberg.de // **ÖPNV** Bus 61 bis Haltestelle Rotenberg (Endhaltestelle) // **Öffnungszeiten** Besichtigung der Kapelle täglich außer Mo 1. April – 1. Nov. 10 – 17 Uhr, 2. Nov. – 30. Nov. 11 – 16 Uhr, Außenbereich immer geöffnet // ab 6 Jahre

87_DAS CLARA-ZETKIN-HAUS

Für Genossen und Peperoni

Das Waldheim besteht nun seit mehr als 100 Jahren. Es wurde am 27. Juni 1909 gegründet, um »einen freien Erholungsraum für die ganze Arbeiterfamilie zu schaffen«. Das mag für manches kapitalistische Ohr schon ein wenig kommunistisch klingen, denn ursprünglich gehörte es der »organisierten Stuttgarter Arbeiterschaft« und war tatsächlich ein Projekt der Genossen der Stadt.

Bis heute sind Frieden, Völkerverständigung, Demokratie und Sozialismus Teil des Konzepts des Vereins. Auf dem Waldheimgelände können Erwachsene, Kinder und Jugendliche einen angenehmen und ungezwungenen Aufenthalt in der Natur verbringen.

Die auf der Website dokumentierte Geschichte erzählt, dass es das Ziel war, »den unterbemittelten Arbeiterschichten einen Platz zu schaffen, an dem sie an ihren freien Tagen der häuslichen Armut in der stickigen Stuttgarter Kessellage entfliehen und sich im Kreise der Familie mit Freunden und Bekannten treffen konnten, um sich zu erholen«. Es sollte ein Ort sein, der von niemandem kontrolliert werden konnte.

Heute finden die Kleinen und Kleinsten hier Schaukeln, ein Karussell und einen Kletterbaum. Für die Erwachsenen gibt es einen Schießstand und eine Kegelbahn.

Am Waldrand kommen die Schauspielliebhaber auf ihre Kosten. Auf einer kleinen Sommerbühne gibt es nämlich ein Kasperletheater. Und was beim Rote-Peperoni-Spieletreff gespielt wird, dürfen die Zwerge selbst herausfinden!

> **TIPP:** Neben dem Haus steht ein kunterbuntes Hexenhäuschen mit einem eigenen kleinen Kräutergarten.

Adresse Waldheim Stuttgart e.V./Clara-Zetkin-Haus, Gorch-Fock-Straße 26, 70619 Stuttgart, Tel. 0711/471235, www.waldheim-stuttgart.de // **ÖPNV** U 7 bis Haltestelle Silberwald // **Öffnungszeiten** Di–So 10–22 Uhr, warme Küche durchgehend 12–21.30 Uhr // für jedes Alter geeignet

88_DER KAUZ

Die Eule von Sillenbuch

Sillenbuch ist ein ruhiger und grüner Stadtteil. Da ist außer Natur nicht viel los. Der Fernblick vom Feld unterhalb des Hermann-Löns-Weges hat es aber in sich, außerdem hat der Pfad etwas ganz Besonderes zu bieten. Wer den Weg hierher findet, staunt nicht schlecht, wenn er von den Spaziergängern auf »ihn« angesprochen wird. Denn im Eichenhain hat sich ein Käuzchen niedergelassen, und das nicht zum ersten Mal.

Laut keltischer Mythologie gehört die Eule neben Hirsch und Adler zu den ältesten Tieren unserer Breiten. Zu Gesicht bekommt man sie wahrlich selten, und man braucht ein Adlerauge oder ein gutes Fernglas, um sie zu sehen. Auf der Wiese mit Panoramaausblick – und perfekten Bedingungen zum Drachensteigenlassen im Herbst – befindet sich ein kleiner, von Bänken gesäumter Spazierweg. Man folgt ihm nach links und gelangt zu einer großen Buche, in deren Baumkrone tatsächlich ein Kauz lebt. Spektakulär, wie er den Kopf einmal fast ganz herumdrehen kann. Dem kleinen Kerl entgeht wirklich nichts.

Wartet man geduldig und wagt einen Blick in die Baumkrone, sieht man das Käuzchen. Und offenbar ist dies kein Erstbezug. Der Vorgänger sei einfach verschwunden, sang- und klanglos ausgezogen, was die umliegenden Nachbarn und Bewohner traurig gestimmt hat. Nun ist ein neuer Bewohner da. Ob die Sillenbucher ihm einen Namen gegeben haben? Auf jeden Fall sind sie stolz auf ihren Kauz!

TIPP: Im Eichenhain gibt es eine kleine Fahrradschanze.

Adresse Hermann-Löns-Weg, 70619 Stuttgart // ÖPNV U 7 bis Haltestelle Sillenbuch, dann 10 Minuten zu Fuß // für jedes Alter geeignet

89_DAS ALPAKASOFA

Zu Hause in der Gärtnerei

Radelt man nichts ahnend durch die Kleingärtnersiedlung in Richtung Süden der Sonne entgegen, sollte man eine Vollbremsung einplanen. Denn mehr oder weniger aus dem Nichts – und seinen Augen möglicherweise nicht trauend – begegnet man plötzlich inmitten von blühenden Gärten und Apfelbäumen einer Familie von Alpakas in ihrem begrünten Wohnzimmer auf der Wiese. Und da gibt es alles, was die moderne Familie so braucht: ein riesiges Sofa, Sessel, einen Tisch. Drum herum grasen die aus Südamerika stammenden Tiere und schauen dem Zaungast amüsiert ins Gesicht nach dem Motto: »Was guckst'n so? Wir wohnen hier!« Einen Fernseher gibt es nicht, denn zu viel Fernschauen schadet auch den Alpakas.

Tatsächlich wohnen die lustig dreinschauenden Gestalten gegenüber der nunmehr geschlossenen Gärtnerei Munder und genießen dort ihr neues Zuhause: ein voll möbliertes Gartenloft! Eine gute Alternative zum teuren Wohnen in der Stadt.

Bitte nur vom Zaun aus beobachten! Der Garten mit den wahlweise geschorenen oder wolligen Tieren ist privat. Tauchen die Besitzer auf, kann man ja vorsichtig fragen, ob man Zutritt zum Wohnzimmer bekommt. Bitte nicht allein auf das Gelände gehen.

Quizfrage: Von welchem Tier stammen die Alpakas ab? Vom Lama? Falsch. Vom Kamel! Wer hätte das gedacht? Alpakas sind eine domestizierte Kamelform. Ein Mantel aus Alpakawolle war früher übrigens ein Zeichen für Wohlstand.

TIPP: Wer mehr über die Tiere erfahren möchte, besucht die Alpakafarm in Nürtingen. Familie Schaber informiert über die liebenswerten Tiere, die Aufzucht, die Wolle und über alles, was man sonst noch wissen möchte.

Adresse Masurenstraße 31, 70374 Stuttgart // ÖPNV U 1 nach Fellbach bis Haltestelle Beskidenstraße, dann 5 Gehminuten // Öffnungszeiten Besichtigung nur von außen // für jedes Alter geeignet

90_DIE BABYBADEWANNE

Ein Mehrgenerationenhaus im Wasser

Kinder und Wasser gehören einfach zusammen. Kurse für Babyschwimmen gibt es zahlreiche und in ausgewählten Schwimmbädern sogar ohne Chlor. Denn nicht jeder möchte chlorreich aus dem Wasser steigen. Wer da eher unempfindlich ist und nach Freude für alle Familienmitglieder sucht, ist hier richtig.

Für die Kleinsten ist es paradiesisch und für die Mütter entsprechend erholsam, weil das ganze Bad kindgerecht mit Wickeltischen an unterschiedlichen Stellen ausgestattet ist. Babys wollen ja nicht so gern unter die Dusche, und daher sind die Babybadewannen des Sonnenberger Schwimmbades ein Genuss. Ein Baby-Spa sozusagen! Die Mamas atmen auf, denn auf die Frage »Wohin mit dem Baby, wenn Tasche und Geschwisterchen am Arm hängen?« lautet die Antwort: »In die Wanne.« Für die Kleinsten gibt es ein eigenes Becken, für die Größeren ein Spielbecken mit Rutsche, und für die Großen stehen Sprungbretter mit Sprungtürmen und Matten, auf denen gekämpft werden oder Pirat gespielt werden kann, parat. Samstags ist von acht bis zwölf Uhr Babyschwimmen angesagt. Und auch für die Eltern gibt es ein Becken – zum Schwimmen, Bahnenziehen und Entspannen. Ein städtisches Schwimmbad mit ganz viel Liebe und quasi ein schwimmendes Mehrgenerationenhaus. Und im Übrigen kann hier auch Kindergeburtstag gefeiert werden.

TIPP: Wer es chlorfrei mag, kommt im Krankenhaus Ruit auf seine Kosten. Der Babyschwimmkurs dort findet im chlorfreien Wasser statt.

Adresse Hallenbad Sonnenberg, Kremmlerstraße 1, 70597 Stuttgart, Tel. 0711/21699777, info.bbs@stuttgart.de // ÖPNV U5, U6, U12 bis Haltestelle Sonnenberg, dann 3 Gehminuten // Öffnungszeiten Mo, Di 13–19 Uhr, Mi 6.30–22 Uhr, Do 7–22 Uhr, Fr 13–22 Uhr, Sa 7–19 Uhr, So 8–17 Uhr; Preise: bis 6 Jahre freier Eintritt, 7–17 Jahre 2,70 Euro, Erwachsene 4,50 Euro // ab Babyschwimmalter

91_ DIE BERG-UND-TAL-BAHN

Unterwegs mit der Seilbahn

Ist ein Besuch auf dem Friedhof makaber? Hoffentlich nicht, denn das ist nun einmal die Destination der Seilbahn, die vom Südheimer Platz aus startet und in die Höhen der Stadt nach Degerloch fährt. Die Bergstation liegt am Waldfriedhof. Und keiner ist gezwungen dortzubleiben, wenn er sich zwischen den Gräbern nicht wohlfühlt.

Die Schwaben sind stolz auf »Stuttgarts schrägste Sache«.

Ein romantisches Überbleibsel von anno dazumal bringt faszinierte Fahrgäste jeden Alters auf einer Steigung von 28 Grad dem Himmel ein Stück näher.

Das Interieur der Bahn ist ganz nostalgisch und lässt nicht nur Kinderaugen glänzen: Holz, Messing und Emaille erinnern an die Zeit des Originals aus den 20er Jahren. Selbstverständlich darf alles angefasst und untersucht werden.

Im Übrigen ist die Standseilbahn ein offizielles Transportmittel der öffentlichen Verkehrsmittel. Von wegen Tourismus. Auf in die Schule oder zur Arbeit in dieser denkmalgeschützten Rarität!

Oben auf dem Waldfriedhof kann man schön spazieren gehen, und es gibt einen besonderen Friedhofswärter. Er hat einen Rüssel und ist sein eigenes Denkmal. Nur stellt sich die Frage, wie wohl ein Elefant auf den Waldfriedhof kommt. Was ist seine Geschichte? Wo steht er, und wer hat ihn hierhergebracht? Fühlt der sich denn überhaupt wohl so weit weg von zu Hause? Vielleicht finden Sie die Antworten bei einem gemeinsamen Besuch.

Adresse Seilbahn Stuttgart, Südheimer Platz, 70199 Stuttgart, www.ssb-ag.de // **ÖPNV** U 1, U 9 bis Haltestelle Südheimer Platz // **Öffnungszeiten** die letzte Auffahrt ist um 17.50 Uhr, der Friedhof ist von 6–20 Uhr geöffnet // ab 2 Jahre

TIPP: Mitten auf dem Südheimer Platz gibt es einen Spielplatz!

92_DER QUIRLIGE MARIENPLATZ

Fontäne, Eis und Zacke fahren

Wie sieht Naherholung für Stadtkids aus? Ein Tag am Marienplatz mit allem Drum und Dran! Das Unikat, die Zahnradbahn Zacke, gehört offiziell zu den öffentlichen Verkehrsmitteln der Stadt und kann mit einer normalen Fahrkarte genutzt werden. Wer einen Ausflug in den Wald nach Degerloch machen möchte, kann die Fahrräder außen an der Zacke befestigen. Wer einfach nur die Aussicht aus der Bahn genießen möchte, kann das den ganzen Tag und bis zum Abend tun. Sowohl auf- als auch abwärts wird keiner der Fahrgäste der Aussicht je müde. Wunderschön! Die letzte Zacke fährt kurz vor 21 Uhr. Und immerhin legt die Bahn in fünf Minuten über 200 Höhenmeter zurück. Perfekter Blick in den Kessel.

Der Spielplatz am Marienplatz ist überschaubar, daher haben die Kids aus dem Süden den Brunnen mit seinen Fontänen eingenommen und toben hier oftmals nackig.

Hunger? Die wildesten Eissorten gibt es in der Gelateria Kaiserbau. Viel Zeit zum Anstellen mitbringen – und viel Hunger, denn die Sorten sind außergewöhnlich, und man möchte ja alles mal gekostet haben, oder?

Soll es lieber was Deftiges sein? In der Pizzeria L.A. Signorina nebenan gibt es rot oder weiß belegte Pizzen, auf Wunsch auch als Meterware! Und wenn die Familie groß ist und sich vielleicht noch ein paar Freunde dazu einfinden, kann man schon mal so einen Meter Pizza verdrücken.

Adresse Marienplatz, 70178 Stuttgart // **ÖPNV** U 1 und U 9 bis Haltestelle Marienplatz // **Öffnungszeiten** Gelateria Kaiserbau: täglich 10–21 Uhr; Pizzeria L.A. Signorina: Mo–Fr 12–15 und 17–23 Uhr, Sa 13–23 Uhr, So bis 21 Uhr // für jedes Alter geeignet

TIPP: An vier Tagen im Sommer, beim Marienplatzfest, gehören der Marienplatz und seine nahe Umgebung den bunten Vögeln dieser Stadt – und natürlich den Kindern!

93_ DER WASSERFALL

Wenn der Kessel im Sommer zu sehr dampft

Bei diesem Besuch braucht man Geduld. Den Weg kann man finden oder sich tierisch verlaufen. Was im umliegenden Wäldchen eine gute Idee ist, denn hier gibt es – saisonabhängig – jede Menge Frösche und andere kleine oder große Waldtiere, die mit dem sanften Dröhnen der Stadt und johlenden Kindern gut umgehen können. Augen und Ohren offen halten lohnt sich!

Entlang der Heidenklinge kann man schön spazieren gehen. Ob nun flussaufwärts oder -abwärts. Einfach dem Quaken folgen.

Und im Sommer möglichst Mückenspray auftragen. Ist es richtig heiß, dampft es hier, und die Mücken sind aktiv.

Was die Wasserfälle angeht, so sollte man keine rauschenden Niagarafälle erwarten, aber der Weg dorthin ist ein gemütlicher Spazierweg, und Kinder können ohne große Probleme in die unterschiedlich großen Tümpel klettern und baden. Außerdem ist aus der Perspektive eines Ein-Meter-Großen sowieso alles riesig und spannend. So auch die Wogen der sacht vor sich hin plätschernden Wasserfällchen, in denen man hier planschen kann.

Ein Bad im Bach tut gut, und wann kann man schon mal gemeinsam mit Fröschen schwimmen? Ob am Ende auch der Froschkönig hier entspannt? Berührungsängste sollte hier keiner haben.

Entlang des Pfades durch den Wald geht es auch vorbei an ein paar Trimm-dich-Geräten und einigen wenigen Spielgeräten. Hier sind wirklich die Natur und der Wald der Spielplatz.

Adresse Heslacher Wasserfälle, Leonberger Straße 225, 70199 Stuttgart // **ÖPNV** S 3 bis Haltestelle Universität, dann Bus 92 bis Haltestelle Rudolph-Sophien-Stift // ab 3 Jahre

TIPP: Ein echter Wasserfall, der auch bei hitzigen Sommertemperaturen vor sich hin rauscht, ist der Wasserfall in Bad Urach.

94_DAS INSELBAD

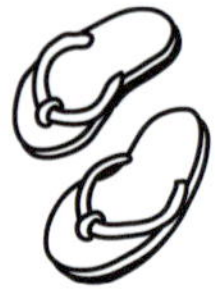

… beim Storchenmarkt

Wo kommen die Babys her? Na, vom Untertürkheimer Storchenmarkt sicherlich nicht. Das ist der Teil von Untertürkheim, der sich eigentlich keiner großen Beliebtheit erfreut. Ein wenig zwielichtig, aber immerhin macht er sich für Dorffeste hübsch und ist der Ort für Veranstaltungen im Stadtteil, die mit Obst, Gemüse und selbstverständlich auch mit Wein zu tun haben. Nichts für Ihr Kind? Keine Sorge: Einmal quer über den Bahnhofsplatz und über die Ampelkreuzung kommt man zum Inselbad von Untertürkheim.

Ein bekanntes und gut frequentiertes Bad, das sich von den umliegenden Bädern insofern unterscheidet, als dass es hier ein separates Paradies für Nackedeis gibt!

Hinter dem Zaun befindet sich ein FKK-Bereich mit eigenem Schwimmbecken, der allein denen zur Verfügung steht, die eben gern nackig schwimmen, Tischtennis spielen oder einfach toben wollen, ohne dabei den nassen Badeanzug am Körper kleben zu haben.

Es ist ein bisschen wie Camping an der Ostsee. Das Publikum ist gemütlich: alte Ehepaare, schwule Paare und Familien in drei Generationen, die dort in der Sommersaison quasi dauerhaft »wohnen« und Rätselzeitung und Tischtenniskellen im fest angemieteten Spint einschließen.

Für Freunde der freien Körperkultur ein angenehmer Ort. Viel ruhiger als der öffentliche Bereich nebenan, wo man sich die Decke auch gleich mit dem Nachbarn teilen kann, denn er liegt ja eigentlich schon drauf.

Urlaubsfeeling mitten im Alltag für alle Altersklassen.

TIPP: Der Biergarten »Hallo Emil« befindet sich gleich nebenan und bietet eine wunderschöne Aussicht auf den Neckar.

Adresse Inselbad Untertürkheim, Inselbad 4, 70327 Stuttgart, Tel. 0711/21657160 // ÖPNV S 1 bis Haltestelle Untertürkheim, dann 6 Gehminuten // Öffnungszeiten Mo–Fr 7–20.30 Uhr, Sa, So 9–20.30 Uhr, Mitte Sept.–Mitte Mai geschlossen // ab 2 Jahre

95_DIE KORSETT-SCHAUKEL

Außergewöhnliche Spielstätte

Egal, wie heftig der Tobsuchtsanfall des Nachwuchses war – in ein Korsett soll er nicht gezwängt werden. Niemals. Die Zeiten dieser Art von Pädagogik sind glücklicherweise vorbei.

Allerdings kommt bei einem Besuch auf dem Spielplatz in der Nähe der Sängerhalle beim Fußballplatz im Lindenschulviertel schon die Frage auf, wer die korsettähnliche Schaukel erschaffen hat – und warum.

Positiv bewertet, soll sie mit Sicherheit derselben des Kindes dienen. Fest eingezurrt und angegurtet, schaukelt auch der Nachwuchs, der noch nicht eigenständig sitzen oder laufen kann. Und traut man dem Glucksen des Kindes, genießt es das allemal.

Ein Schaukelmodell für die Kleinsten! Zu langweilig für den großen Bruder? An einem angrenzenden Privathaus steht ein riesiges und auffälliges Vogelhäuschen, sodass man sich fragt, welcher Vogel hier angelockt werden soll. Ein Kranich? Ein Emu? Ein Strauß? Was macht ein 50 Kilogramm schwerer Spatz? Ganz einfach: Tschiiiiiieeeeeep! Um die Vögel so zu füttern, dass sie nicht mit Koliken in die Tierklinik eingewiesen werden müssen, kann man Vogelfutter nach diesem Rezept zubereiten: Lose Körner und pflanzliches Fett vermischen und erwärmen. Flüssig in Ausstechformen gießen. Wenn es getrocknet ist, mit dem Zahnstocher ein Loch bohren, auffädeln, aufhängen, fertig!

Adresse Nähe Lindenparkschule, Lindenschulviertel, 70372 Stuttgart // **ÖPNV** S 1 bis Untertürkheim, dann 600 Meter zu Fuß // **Öffnungszeiten** öffentlicher Spielplatz, immer geöffnet // ab 1 Jahr

TIPP: Samstags ist auf dem Fußballplatz Kindertraining. Anmeldung über den Verein. Aber Zugucken geht immer.

96_DAS STERNMOBIL

Ich bau mein eigenes Lenkrad

Das Mercedes-Benz-Museum zeigt wirklich gelungene Ausstellungen und ist auch für diejenigen interessant, die weder Autos noch Museen mögen. Über den geschwungenen Weg, der über die verschiedenen Etagen führt, kann der Kinderwagen ohne Probleme bugsiert werden.

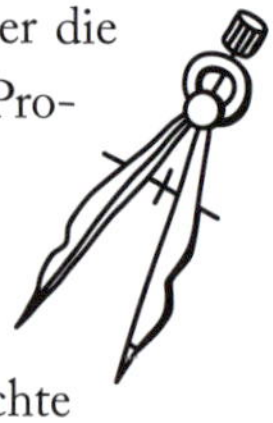

Für Kinder ist der Besuch nicht nur kostenlos, sondern auch kindgerecht aufbereitet. Vom ersten Auto bis hin zur modernen Tcchnik von heute wird den Kindern die Geschichte der Automobile spielerisch nahegebracht.

Mit einem Entdeckerhandbuch ausgerüstet, werden die Kleinen durch die Epochen und damit durch das Museum geführt. Und weil »nur gucken ohne anfassen« langweilig ist, gibt es sogar die Möglichkeit, sich in ein Auto zu setzen. In welches? Das wird nicht verraten. Das entscheidet der freundliche Museumsführer.

Wem der Mercedes seinen Namen zu verdanken hat, erfahren die neugierigen Besucher hier ebenfalls.

Und was noch viel besser ist: Es gibt eine Mitmach-Ausstellung, bei der alles betatscht und »begriffen« werden kann, was sonst eben nur theoretisch bliebe.

Wie wäre es mit einem Wochenende im Atelier? Hier dürfen sich die Kleinen künstlerisch und kreativ nach Herzenslust und Laune austoben und malen, gestalten und designen, wie ein Auto für sie aussehen soll. Von der Karosse bis hin zum Lenkrad – alles kann individuell geplant werden.

Adresse Mercedes-Benz Museum, Mercedesstraße 100, 70372 Stuttgart, Tel. 0711/1730000, classic@daimler.com // **ÖPNV** S1 bis Stuttgart-Neckarpark (Mercedes Benz), dann 8 Gehminuten, oder Bus 56 ab Bad Cannstatt bis Mercedes-Benz Welt // **Öffnungszeiten** Di–So 9–18 Uhr; Mitmachausstellung »Design« jeweils an den Wochenenden von 10–18 Uhr // ab 3 Jahre (bis 14 Jahre nur in Begleitung eines Erwachsenen)

TIPP: Die Trainingszeiten des VfB abpassen und als Zaungäste den Vorbildern zuschauen und zujubeln. Direkt gegenüber.

97_DER KATZENBACHER HOF

Wir lassen die Katze aus dem Sack!

Ein Ausflug für alle Generationen mit unterschiedlichen Bedürfnissen, der möglichst konfliktfrei über die Bühne gehen soll? Na dann auf zum Katzenbacher Hof! Hier ist vieles möglich, und das mitten im Wald, umgeben von zwei Seen und doch nah an der Stadt. Natur pur und alles, was ein Kinderherz begehrt.

Riesenspielplatz, Riesenbiergarten, Riesenhüpfburg, eine richtige Hüpflandschaft! Hier ist alles irgendwie riesengroß und macht dementsprechend natürlich einen Riesenspaß!

Ob es die Pommes auch in Übergröße gibt? Jedenfalls ist in der Wirtschaft auch für das leibliche Wohl gesorgt.

Lieber rutschen, klettern, bolzen oder turnen? Es wird weder langweilig noch still. Ein Spieleparadies mit guter Waldluft.

Wer zu viel getobt hat und müde ist, kann sich auch einer beruhigenden Aktivität widmen und zum Beispiel Tiere streicheln. Wer ist denn hier zu Hause? Selbst die Rinder haben einen viel zu langen Pony und sehen irgendwie kuschlig aus. Den kann man ja durchaus freundlich aus der Stirn streichen und den Blick frei machen. Ist ja schließlich schön hier. Da will auch die Kuh oder das Rindvieh etwas sehen.

Machen Sie den Test auf dem Rückweg: Wie viele Ihrer Kinder schlafen bereits im Auto tief und fest?

Übrigens: Der Katzenbacher Hof steht inzwischen unter Denkmalschutz und setzt damit ein Zeichen, dass auch Spieloasen geschützt werden müssen!

TIPP: Der Steinbachsee ist fußläufig zu erreichen und lädt zum Ausruhen ein.

Adresse Katzenbacher Hof, Katzenbacher Hof 1, 70569 Stuttgart, Tel. 0711/681411, info@katzenbacherhof.de, www.katzenbacherhof.de // **ÖPNV** S 1, S 2, S 3 bis Haltestelle Vaihingen, dann Bus 81 bis Haltestelle Büsnauer Platz, danach 2 Kilometer Fußmarsch // **Öffnungszeiten** siehe www.katzenbacherhof.de // für jedes Alter geeignet

98_DAS EKIZ

Zwischen Kampfsport und Sorgenpuppe

Das Eltern-Kind-Zentrum im Generationenhaus West gehört zur Rudolf-und-Hermann-Schmid-Stiftung und ist mitten im angesagten und eher betont lässigen Stuttgarter Westen eine wahre Spiel- und Angebotsoase für Klein und Groß, Alt und Jung.

Was darf's sein? Spielen oder spielen lassen? Das eigene Kind vertrauensvoll in andere Hände geben und das Betreuungsprogramm nutzen? Oder selbst Zeit und Geduld schenken und betreuen? Essen oder kochen? Am besten beides. Und dann ist auch noch alles bio.

Für Sorgen und Nöte ist hier immer jemand zum Reden vor Ort. Egal, ob man nur einen Plausch halten will oder professionelle Unterstützung wünscht. Beides ist hier möglich. Gern natürlich bei Kaffee und Kuchen.

Für die Kinder gibt es jede Menge Spielangebote und Aktionen wie zum Beispiel Puppen basteln und kreativ sein im Atelier für kleine Künstler. Ihr Kind ist musisch interessiert? Dann nichts wie ab in den Musikgarten oder zum Kinderchor.

Sportlich begabt? Zu viel Energie? Dann empfiehlt sich ein Kurs in der brasilianischen Kampfkunst Capoeira. Und für die Mütter gibt es Yoga – oder Kuchen.

Nach dem Motto »Neue Väter braucht das Land« findet freitags im EKiZ ein Vätertreff statt. Worüber reden eigentlich Väter in der Elternzeit?

Der Schuh drückt immer noch? Dann hilft das Büro »Rat und Tat« im wahrsten Sinne des Wortes und unterstützt bei kleinen oder großen Sorgen. Alleinerziehend oder Ärger daheim? Einfach mal das Herz ausschütten? Keine Scham, hier sind Sie richtig.

TIPP: Das Lastenrad »Antje« kann hier kostenlos gemietet werden. Welche Last auch immer transportiert werden muss, mit Antje geht es leichter.

Adresse Eltern-Kind-Zentrum Stuttgart West e.V., Ludwigstraße 41–43, 70176 Stuttgart, Tel. 0711/50536830, ekiz@eltern-kind-zentrum.de, www.eltern-kind-zentrum.de // **ÖPNV** S 1–6 bis Haltestelle Schwabstraße // **Öffnungszeiten** Mo–Fr 8.30–18 Uhr, Mittagessen 12–14 Uhr, offene Kinderbetreuung 9–17.30 Uhr // für jedes Alter geeignet

99_LOKSTOFF!

Theater auf der Straße

Mal ehrlich, wo findet denn das meiste Theater statt? Im Alltag, auf der Straße und zu Hause! Gerade da fliegen gerne mal die Fetzen.

Das hat das Theaterprojekt »LOKSTOFF!« erkannt und tritt mit seinen Stücken mitten im Leben auf. Da, wo es passiert. Dabei geht es natürlich um Unterhaltung, aber vielmehr auch um den Mehrwert der Stücke. Die zunehmende Entfremdung und Vereinsamung der Gesellschaft. Mief in der Innenstadt, ein Leben unter der Brücke, kaum zu tragende Mietpreise. Das sind Themen, die die Stadt und ihre Bewohner bewegen und die vom Theaterteam an authentischen Orten umgesetzt werden. Durch das Proben im öffentlichen Raum kann es somit auch passieren, dass Sie mittendrin statt nur dabei sind. Rufen Sie »Action!«, springen Sie rein und machen Sie mit! Selbst im Schwimmbad finden Aufführungen statt.

Die Stücke sind für Kinder ab dem Schulalter und natürlich für Erwachsene geeignet. Das Kindertheater »Lümmel« läuft für Kinder ab fünf Jahren. Der aktuelle Spielplan lädt unter anderem zum »Warmbadetag« ein – ins Schwimmbad! Waren Sie schon einmal im Badeanzug im Theater? Nichts wie hin, denn in Straßenkleidung hat hier keiner Zutritt. Beim »Familienabend« reist das Publikum durch die Geschichte und besucht Familien vor Ort in ihren Wohnungen. Für Geschichtsinteressierte ein Muss.

LOKSTOFF! engagiert sich außerdem für soziale Themen. Es gab Vorstellungen für Blinde und Sprachkurse für Geflüchtete. Ein Theater, das keins ist.

TIPP: Für noch mehr Kultur – das Kulturzentrum Merlin befindet sich um die Ecke und hat ebenfalls ein breites Angebot an Veranstaltungen, wie Lesungen und Theater (Augustenstraße 72).

Adresse Theater im öffentlichen Raum e. V., Reinsburgstraße 82, 70178 Stuttgart, Tel. 0711/88899922, info@kulturgemeinschaft.de, www.lokstoff.com // **ÖPNV** Bus 42, 43 bis Schwab-/Reinsburgstraße // **Öffnungszeiten** Büro 9–17 Uhr, Veranstaltungen siehe Spielplan // ab 5 Jahre, entsprechend Spielplan

100_DIE RAUPE IMMERSATT

Foodsharing statt Wegwerfen

Hunger, Durst und Spaß sollen im ersten Foodsharing-Café Stuttgarts geteilt werden. Da sind sie noch, die guten Werte. Das »Damals«, als die Menschen noch geteilt haben, ist im Grunde noch gar nicht so lange her. Zu viel eingekauft vor den Ferien? Kurztrip geplant, und der Kühlschrank ist voll?

Die Idee des **»Fair-Teilens«** beinhaltet genau das: Lebensmittel, die noch genießbar sind, an andere zu verteilen, ehe sie in die Tonne wandern.

Das Café Raupe Immersatt am Hölderlinplatz bietet auch hierfür eine gute Plattform, und alle Interessierten können sich als Fairteiler einbringen. Das Teilen und der Genuss der **Lebensmittel** sind übrigens kostenlos. Für die Sauberkeit der Lagerplätze sorgt das Team des Cafés. Die nächste coole Idee der Raupe? Du bestimmst, was dein Durst dir wert ist. Bio-Limo, Bio-Bier oder Bio-Kaffee, alles **ohne feste Preise.** Satt und selig? Dann wird es Zeit für eine gemeinsame Aktion. Wie wäre es mit einer **Schnippeldisko?** Was sich dahinter wohl verbirgt? In interessanten Vorträgen gibt es viel Wissenswertes zum Thema Lebensmittelverschwendung beziehungsweise zu den Möglichkeiten, sie eben nicht zu vergeuden.

Auf jeden Fall sind im gemeinnützigen Café lauter gute Geister am Werk, die zur Gemeinschaft gehören und für einen **bewussten Umgang** mit unseren Ressourcen und Lebensmitteln eintreten. Ein Besuch hier hat einen ideellen und persönlichen Mehrwert.

TIPP: In der Café-Bar Vicino in der Traubenstraße bekommt jeder, der zum ersten Mal zu Gast is(s)t, ein hausgemachtes Törtchen geschenkt. Lecker!

Adresse Café Raupe Immersatt, Johannesstraße 97, 70176 Stuttgart, Tel. 0711/23097922, info@raupeimmersatt.de, www.raupeimmersatt.de // ÖPNV ab Hbf Bus 40, 42 bis Haltestelle Hölderlinplatz // Öffnungszeiten täglich außer Di 10–22 Uhr, So 10–21 Uhr // ab 2 Jahre

101_ DER SCHILD-KRÖTENSEE

Von planschenden Panzern

Mitten im Beton-Dschungel des Stuttgarter Westens ist der Platz am Feuersee eines der schönsten Idylle der Stadt. Seit dem Ausbau der Treppenstufen ist er ein Paradies für Mittagesser, Kaffeetrinker, Schachspieler und Biertrinker.

Kindern tummeln sich unter strenger Aufsicht der Eltern am ungesicherten Ufer des Sees und erfreuen sich an Enten, Schwänen und Schildkröten. Gibt es nicht? Doch, tatsächlich. Wie kommen die Schildkröten in ein mitteleuropäisches Gewässer einer süddeutschen Großstadt? Gut, die Sommer sind schon brütend heiß im Ländle, aber so heiß, dass wir hier Wasserschildkröten ausbrüten? Eher nicht.

Der Hintergrund ist leider gar nicht so romantisch. Eine Schildkröte muss kalt und dunkel überwintern. Manch einer erduldet das Reptil für die Winterperiode im Gemüsefach seines Kühlschrankes, ein anderer nutzt den Keller, und wieder andere setzen sie nach anfänglicher Begeisterung einfach aus. In den Feuersee. Hier scheint es ihnen zu gefallen, denn seit Jahren sind einige Schildkröten dort nun offiziell zu Hause. Sie freuen sich über einen Besuch, nicht aber über noch mehr Mitbewohner.

Einmal im Monat, am Samstag, ist auf dem gesamten Gelände um den Feuersee Flohmarkt. Auch sehr niedlich: Hier haben sogar Kinder ihre eigenen Stände und bieten Puppen und Spielzeug an, das ausgemistet wurde.

TIPP: Einmal im Jahr findet das legendäre Feuerseefest statt. Hier dürfen Kinder an einer Zipline über den See »fahren«. Ein buntes und alternatives Fest mit Livemusik und internationalen sowie schwäbischen Leckereien.

Adresse Gutenbergstraße 16, 70176 Stuttgart // **ÖPNV** S1–S6, S60 bis Haltestelle Feuersee // ab 2 Jahre

102_DER URBÄR

Gemeinsam mit dem Bären klettern gehen

Anlässlich der Remstalgartenschau hat sich auch Urbach mächtig ins Zeug gelegt, und davon profitieren vor allem die Waldzwerge und neugierige Naturkinder.

Auf dem Walderlebnispfad in Urbach können sich die Kinder auf dem Weg durch die Wildnis anhand einer Walderlebniskarte orientieren und selbst den Weg durchs Gelände finden. An verschiedenen Stationen lernen die jungen Waldbesucher viel über die Waldtiere und sind dabei aktiv eingebunden.

Wie klettert ein Eichhörnchen? Kann ich das auch? Wo wohnt der Biber? Wie sieht seine Behausung aus, und woran erkennt man sie?

Ein aufregender Tag erwartet die Kleinen an der Waldtier- oder der Klang-Kugelbahn, am Wildbach und auf dem Hochsitz, von wo Tiere beobachtet werden können. Und wer wohnt hier noch? Wildschwein, Fuchs, Hase und Reh! Und wer tummelt sich wohl auf dem Eichhörnchen-Spielplatz? Und gibt es den UrBären denn wirklich? Brummt der? Sportlich geht es zu auf Balancierstämmen, Konzentration ist gefordert auf dem Zick-Zack-Weg und dem Schlängelpfad. Auch ein Waldspielplatz und eine Grillstelle stehen den Besuchern zur Verfügung. Hier gibt es wirklich alles für einen tierisch gelungenen Ausflug mit der ganzen Familie. Der 2,2 Kilometer lange Weg ist im Übrigen auch für großrädrige Kinderwagen geeignet.

Immer sonntags um 14.30 Uhr gibt es ein waldpädagogisches Programm zum Thema »Wald und Natur« für Groß und Klein mit Spiel, Bewegung, Forschen, Kreativität und Meditation.

Adresse Waldparkplatz, Hagsteige, 73660 Urbach, Tel. 07181/80070 // **ÖPNV** RB 13 bis Haltestelle Schorndorf, dann mit dem Bus 249 nach Banrain, von dort 15 Gehminuten zum Waldparkplatz // ab 2 Jahre

TIPP: Das Freibad Hagsteige ist nicht weit entfernt und lädt an heißen Tagen zur Abkühlung ein (Hagsteige 1, 73660 Urbach).

103_DIE BUCHSTABEN-SUPPE

Das verwirrte Alphabet

Wirklich schön gestaltet säumen die überdimensionierten Buchstaben den Radweg entlang der Rems in Waiblingen-Beinstein in Richtung Weinstadt, zwischen dem Ruderclub Ghibellinia und den Sulzwiesen.

Welches Wort sie ergeben, sieht man, wenn man von der richtigen Seite angeradelt oder angelaufen kommt. Man liest es von vorne nach hinten. Sie stehen da in Reih und Glied, die bunt bemalten Buchstaben. Nein, nicht das ganze Alphabet hat sich hierher verirrt. Nur die Schriftzeichen, die die Gegend beschreiben. Na, schon erraten? Üben Sie gemeinsam mit Ihren Kindern wie in der Vorschule: A wie Apfel, Adler oder Ameise. Die Buchstaben sind im Übrigen dem Farbkreis folgend dargestellt. Auf jedem der etwa zwei Meter hohen und entsprechend breiten dreidimensionalen Lettern ist ein Tier oder eine Pflanze abgebildet. Sehr ansprechend bemalt und gestaltet. Hier können Sie unterwegs Namenraten spielen. Jeder flitzt zu dem Buchstaben, mit dem sein Vorname beginnt oder (für Fortgeschrittene) der im Namen enthalten ist.

Haben die Künstler von »Art-U-Zehn«, die hier am Werk waren, einen kleinen Witz eingebaut, oder haben sie sich tatsächlich vermalt? Wem ist es aufgefallen? S wie Storch, richtig! Wer ist wirklich auf dem S abgebildet? Ein Reiher! Folgt man dem Weg, kommt man an einer Mühle vorbei und kann dem plätschernden Wasser am Mühlrad zusehen.

Adresse Remstal-Radweg, Oberer Ring, 71332 Waiblingen-Beinstein // ÖPNV S 3 bis Waiblingen Bahnhof, dann Bus 206 bis Schnait Wiesentalstraße // ab 5 Jahre

TIPP: Überall im Remstal zieren Bilder, Bienen und Holzskulpturen das Umland. Zwischen Waiblingen und Remseck sind Biene, Raupe & Co. im hübschen Holzschnitt dargestellt.

104_DIE REGENWIPPE

Je mehr Wippe, umso nasser!

Anlässlich der Remstalgartenschau hat sich der »Speckgürtel« um Stuttgart so richtig in Form gebracht. Erfreulicherweise haben vor allem Radler, Spaziergänger und Kinder was davon: Plattformen, Terrassen am Ufer, drehbare Holzliegen.

Entlang der Rems wurden zudem zahlreiche neue Spielstätten aus überwiegend natürlichen Materialien erbaut und dürfen nun von den Kleinen und Kleinsten auf ihre Tauglichkeit hin getestet werden.

In Waiblingen tummeln sich die Zwerge im Stadtpark auf dem neuen Spielplatz. Und was gibt es hier, was es woanders vielleicht nicht gibt? Wie funktioniert eigentlich interaktives Spielen?

Eine auf den ersten Blick ganz gewöhnlich aussehende Wippe hat es in sich – eigentlich soll das an der Stelle ja gar nicht verraten werden. Das macht den Überraschungseffekt kaputt.

Selbst dem besten Beobachter fällt es nicht sofort auf. Sehen Sie es? Schauen Sie mal genau hin!

Richtig: Je mehr, je gleichmäßiger und je schneller zwei Leute auf der Wippe wippen, umso mehr Wasser wird aus den umliegenden Säulen auf den Rest des Spielplatzes gepumpt und kreiselförmig versprüht! Dafür ist niemand zu alt! Was für ein Spaß!

Und was macht mehr Freude? Wippen und dem Wasser zuschauen oder nass werden? Da kann man sich kaum entscheiden!

Außerdem gibt es hier ein Holzschiff, eine Rüsselrutsche und vieles mehr. Im Übrigen sieht man verhältnismäßig viele Elternteile, die den Spielplatz aktiv mitnutzen.

Adresse Spielplatz auf der Brühlwiese, 71334 Waiblingen // ÖPNV S 3 bis Haltestelle Waiblingen, dann Bus 201, 204 oder 207 bis Haltestelle Stadtmitte // ab 2 Jahre

TIPP: An der Stadtmauer zwischen dem Beinsteiner Tor und dem Biergarten Schwaneninsel gibt es lustige Figuren am Flussufer zu bestaunen.

105_DIE KAKAOBOHNE

Vom Leben und Werden der Schokolade

Kinder werden ja oftmals gegen ihren Willen ins Museum geschleift, und Schokolade sollen sie auch nicht essen – im Museum Ritter, liebe Eltern, geht beides!

Wie lebt es sich eigentlich als Kakaobohne? Schon die Urbevölkerung Südamerikas wusste, dass Kakao ein Heilmittel ist. Dies hat mit der heutigen industriell gefertigten klassischen Schokolade nicht mehr viel zu tun.

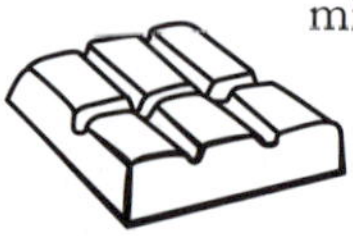

Die Kakaobohne ist voller Magie und Kraft – und ohne Zusatz total bitter! Von wegen süß und cremig, dieses Aroma wird erst nachträglich und industriell produziert.

Doch wie wird die Schokolade nun süß? Wie kommen Nüsse da rein? Und wie wird sie so schön quadratisch?

Für Eltern strengstens verboten ist das Schokoladenlabor: Denn dort erfahren Kinder und Jugendliche alles über die Herstellung des Naschwerkes. Virtuell gehen die Kinder auf eine Reise mitten in den Regenwald, in die Anbaugebiete der Kakaobohnen. Und die Krönung: Die Kinder dürfen in der Schokowerkstatt ihre eigene Tafel Schokolade herstellen und dabei die Packung nach eigenem Gusto gestalten. Was für ein Erlebnis! Überlebt Sie die Fahrt bis daheim?

Das Museum an sich hat eher das Quadrat im Fokus und ist für Liebhaber des Vierecks sicher spannend, für Kinder aber möglicherweise etwas zu kantig. Appetit? Im Museumscafé gibt es alles rund um die Schokolade, in flüssiger und fester Form. Hungrige Gaumen können sich hier völlig gehen lassen.

TIPP: In Waldenbuch gibt es den Secondhandladen »mopeti« für Kindersachen (Neuer Weg 2).

Adresse Museum Ritter, Alfred-Ritter-Straße 27, 71111 Waldenbuch, Tel. 07157/97704, schokoladen@ritter-sport.de // ÖPNV S3 bis Leinfelden-Echterdingen, dann Bus 826 bis Waldenbuch Postamt, 8 Gehminuten // Öffnungszeiten Schokoausstellung Mo–Fr 9–18.30 Uhr, Sa 9–18 Uhr, So 11–18 Uhr; Schokowerkstatt nach vorheriger Anmeldung Di 10–15.45 Uhr, Mi–Fr 10–17.30 Uhr, Sa 9.45–16.45, So, Feiertage 11–16.45 Uhr; Preise: Kinder und Jugendliche bis 18 Jahre frei, Erwachsene 6 Euro // ab 5 Jahre

106_DIE THERAPIE-PFERDE

Warum man von Locken nicht niesen muss

Jedes Kind träumt irgendwann davon, selbst reiten zu können oder zumindest auf einem Pferd zu sitzen. Doch nicht jeder kann ohne Konsequenzen mit dem »Kleinen Onkel« kuscheln. Warum? Tierhaarallergie. Betroffene wissen, dass damit nicht zu spaßen ist.

Doch ein Glück, wer tierische Freunde mit Locken hat. Die sogenannten »Curly Horses«, die lockigen Pferde, haben welliges Haar, das weniger Allergene hat als normales Pferdehaar. Offenbar ist es hier auch Allergikern möglich, sich den Tieren zu nähern, sogar auszureiten, ohne einen fiesen Allergieanfall zu bekommen.

Auch wenn der Vergleich hinkt: Die lockigen Pferde kann man mit dem Pudel unter den Hunden vergleichen. Sie haben hypoallergenes Fell und sind somit für jeden kuschelbar.

Zum Probieren werden hier »Schnupper- und Fühlstunden« angeboten, um zu sehen, ob der Kontakt wirklich ohne Folgen bleibt.

Direkt in Stuttgart gibt es nur Reitmöglichkeiten für Allergielose und Gesunde, also für Kinder und Erwachsene, die ohne Atemnot auf dem Rücken der Pferde die Welt erobern können. Das therapeutische und allergikerfreundliche Pferdeparadies befindet sich bei Angelika Paech in Weilheim an der Teck.

Auch therapeutisches Reiten für Kinder mit Behinderung, motorischen Schwierigkeiten oder Entwicklungsstörungen ist hier möglich. Die Therapieergebnisse sind beeindruckend.

TIPP: Der Name »Torfgrube« stammt den Anwohnern zufolge von dem im Ort liegenden »Schopflocher Moor«. Lust auf eine Moorkur? Dann ab in die Grube. Heute ist das Schopflocher Moor ein Naturschutzgebiet.

Adresse Menschen und Pferde, Torfgrube 4, 73266 Torfgrube, Tel. 07023/957267 oder 0175/3489149, menschenundpferde-paech@t-online.de, www.menschen-und-pferde.de // **ÖPNV** S1 bis Haltestelle Kirchheim/Teck, dann Bus 177 bis Haltestelle Torfgrube // **Öffnungszeiten** Ausritte in Weilheim an der Teck und in Torfgrube möglich, vorherige telefonische Terminvereinbarung nötig // vom Reitangebot und der Empfehlung der Therapeutin abhängig

107_ DER MITMACH-PARK

Urban Gardening als Gemeinschaftspuzzle

Nicht im Dreiländereck, sondern in den Deitwiesländern zwischen Beutelsbach und Endersbach entsteht der Weinstädter Mitmach-Park. Durch dieses Projekt soll eine Verbindung zwischen den drei Gemeinden geschaffen werden.

Die Bewohner von Weinstadt und interessierte grüne Daumen können sich einfach anmelden und den Park mitgestalten, eigene Ideen, Blümchen, kreative Steinskulpturen oder Holzschnitzereien mit einbringen.

Am Ende entsteht ein grünes, natürliches Puzzle, zu dem jeder Mitwirkende sein eigenes Puzzleteil beigetragen und so den Park mit Leben gefüllt hat. Das macht ganz schön stolz.

Wieder so ein schönes »Wir«-Projekt. Ein Patchwork-Park mit einem großen Gemeinschaftsgarten voller individuell gestalteter Beete, einem Grillplatz und natürlich jeder Menge Spielstätten.

Die Obstbäume auf den Streuobstwiesen sollen Mundräuber glücklich machen. Köstlich und ganz legal.

Die Idee hinter der Begrünung und dem sinnvollen Anbau von Obst, Gemüse und bienenfreundlichen Blumen ist, in Gemeinschaft etwas zu erschaffen. Früher waren die Leute gemeinsam auf dem Feld, gruben, säten, hegten und pflegten, bis schließlich die Erntezeit kam. Das Erntedankfest wurde ebenfalls in Gesellschaft gefeiert.

Sie haben in der Familie diverse grüne Daumen in unterschiedlichen Größen? Dann bringen Sie sich ein und genießen Sie im Herbst eine hoffentlich reiche Ernte. An Früchten und Erlebnissen!

Adresse Nähe Stadtbücherei Weinstadt, 71384 Weinstadt, Tel. 07151/693360, p.heckl@weinstadt.de // ÖPNV S2 bis Beutelsbach, dann 750 Meter zu Fuß // ab 2 Jahre

TIPP: Appetit auf mehr Natur? In der Umgebung befinden sich diverse Streuobstwiesen, auf denen offiziell »Mundraub« begangen werden darf. Das heißt, für den eigenen Appetit zu ernten und zu naschen ist erlaubt. Zu finden unter www.mundraub.org.

108_DAS REMSTALKINO

Weinberge auf allen Kanälen

Lust auf Kino? Nun, in diesem Fall sollte das Wetter schön sein, denn hier ist »oben ohne« angesagt. An der frischen Luft, und ganz ohne Fernbedienung, stellt sich die Frage: Was läuft denn heute?

Action? Trickfilm? Liebesgeschichte? Falsch! Weitblick, Fernblick, Weinblick! Wer hier einen Blockbuster oder Popcorn-Raschler erwartet, der täuscht sich und ist hoffentlich positiv überrascht.

Das Remstalkino ist eine Aussichtsplattform mit einem grandiosen Blick über das ganze Remstal. Da kann sich der phantasievolle Geist den eigenen Film drehen.

Warum eigentlich Kino? Die Stühle und Stuhlreihen sind wirklich wie im Kino angeordnet, allesamt mit Blick auf die »Leinwand«, die grünen und im Herbst bunten Weinberge.

Selbstverständlich darf hier gepicknickt und geraschelt werden. Nur das mit dem Umschalten des Programms wird schwierig.

Der Aussichtspunkt befindet sich bei den Drei Riesen. Und wer sind nun diese Kerle? Der Name stammt von drei Stubensandsteinblöcken, die 1974 dort hinaufgeschleppt wurden. Woher sie kommen? Wie sie dorthin kamen? Wer getraut sich, das zu fragen? Die Bewohner des Ortes Weinstadt werden nicht müde, ihre Sagen und Ideen preiszugeben. Und der eine oder andere war damals selbstverständlich persönlich an der Gestaltung der Riesen beteiligt. Einfach den Geschichten lauschen und überlegen, ob das alles so stimmt.

TIPP: Was für ein Saftladen! Tatsächlich befindet sich die Fabrik der Beutelsbacher Fruchtsäfte in der Nähe. Also – anstoßen mit Holunderblütenschorle!

Adresse Schönbühlstraße, 71384 Weinstadt, Tel. 07151/693299 // **ÖPNV** S 2 bis Haltestelle Endersbach, dann Bus 206 bis Haltestelle Schnait Kelter, von dort 2,7 Kilometer Fußweg // ab 4 Jahre

109_DIE MAMMUTBÄUME

Wie ein König Baumriesen züchtete

Es lebte einmal vor sehr langer Zeit, nämlich im Jahr 1864, ein König namens Wilhelm I. von Württemberg. Er kaufte von einem fliegenden Händler ganz viele Baumsamen des kalifornischen Mammutbaums, der auch Wellingtonia heißt.

Einen Teil der Samen hat der interessierte König in die Wilhelma gestreut. Auf Veranlassung von König Wilhelm I. wurden vor 145 Jahren, verteilt auf den gesamten Bereich der Forstdirektion Stuttgart, Sämlinge angepflanzt. Diese Nachkommen amerikanischer Baumriesen sind nun die mächtigsten Bäume unserer Wälder und ein beeindruckendes Naturerlebnis.

Was macht die Wellingtonia denn so besonders? Und wieso heißen die Bäume Mammutbäume? Sie sind so alt wie das Urtier, das schon ausgestorben ist und der Urgroßvater des Elefanten war. Tatsächlich haben sie viel gemeinsam mit dem Urtier: Sie sind riesig. Ihre Kronen reichen bis weit in den Himmel, ihre Wurzeln gehen so tief in die Erde, dass kein Sturm sie umhauen kann. Und der Umfang des Stammes ist so dick, dass man eine ganze Kindergartengruppe braucht, um den Baum zu umfassen.

Kinder fühlen sich von Bäumen angezogen und auf wunderbare Weise beschützt. Und dass auch Erwachsene sich anlehnen und Halt suchen dürfen, versteht sich von selbst.

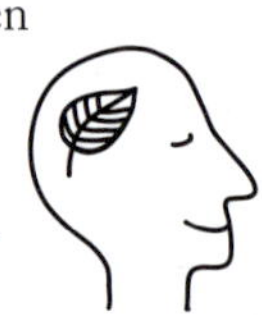

Auch das mitgebrachte Picknick schmeckt hier noch besser. Ein magischer Ort!

Kein Spielplatz in der Nähe? Macht nichts! Der Ort ist perfekt geeignet für eine Waldolympiade mit genügend Hindernissen, die überwunden werden wollen.

TIPP: Welzheim hat einen kleinen Flugplatz, der interessant für zukünftige Piloten sein könnte.

Adresse Waldparkplatz Wellingtonien, Schorndorfer Straße, 73642 Welzheim // **ÖPNV** mit der RB 14 oder S 2, S 3 bis Haltestelle Schorndorf, dann Bus 263 bis Haltestelle Bethel, 10 Gehminuten // **Öffnungszeiten** immer zugänglich // ab 3 Jahre

110_DAS SINNLICHE ERFAHRUNGSFELD

Eins und Alles

Fühl mal, riech mal, probiere, lerne und laufe barfuß mit geschlossenen Augen! Lass dich fallen, vertraue, träume, genieße und spüre! Wie kann man das Fühlparadies beschreiben? Eigentlich kann man es gar nicht beschreiben, man muss es erleben und erfühlen.

Worum geht es hier? Das kann nur jeder Besucher selbst herausfinden, an den zahlreichen Orten im Innen- und Außenbereich, mitten im Wald. Überall darf gerochen, gelauscht, getastet, balanciert, experimentiert und vor allem gestaunt werden. Ein individuelles Erlebnis der gefühlten Wirklichkeit.

Ein mit viel Liebe zum Detail entstandener Sinnespark, der nicht nur die Kleinen in seinen Bann zieht, sondern Menschen jeder Altersklasse. Spielen, lachen und sich verzaubern lassen. Das wäre das Motto für einen Tagesausflug nach Welzheim. Ein Besuch hier vergeht wie im Flug. Die Eindrücke bleiben, und man verlässt den Sinnespark mit einem sehr entspannten Lächeln.

Das anthroposophische Konzept führt über alle Sinnesempfindungen, durch innere Welten und lädt in die Weidenkathedrale, in die Tieroase, auf den Weg der Wunder oder in den Wald der Balance ein.

Wohin zuerst? Welchem Pfad folgst du? Und wohin bringt dich ein Besuch auf der »Roten Achse«? Eine Art Schatzkarte, und jeder darf sich auf seinen eigenen Weg begeben.

Adresse EINS+ALLES, Laufenmühle 8, 73642 Welzheim, Tel. 07182/800777, erfahrungsfeld@laufenmuehle.de, www.eins-und-alles.de // **ÖPNV** mit der Regionalbahn nach Schorndorf, weiter nach Welzheim, dann mit dem Bus 228, 263 bis zur Haltestelle Laufenmühle/Bahnhof Laufenmühle // **Öffnungszeiten** täglich 10–18 Uhr // ab 2 Jahre

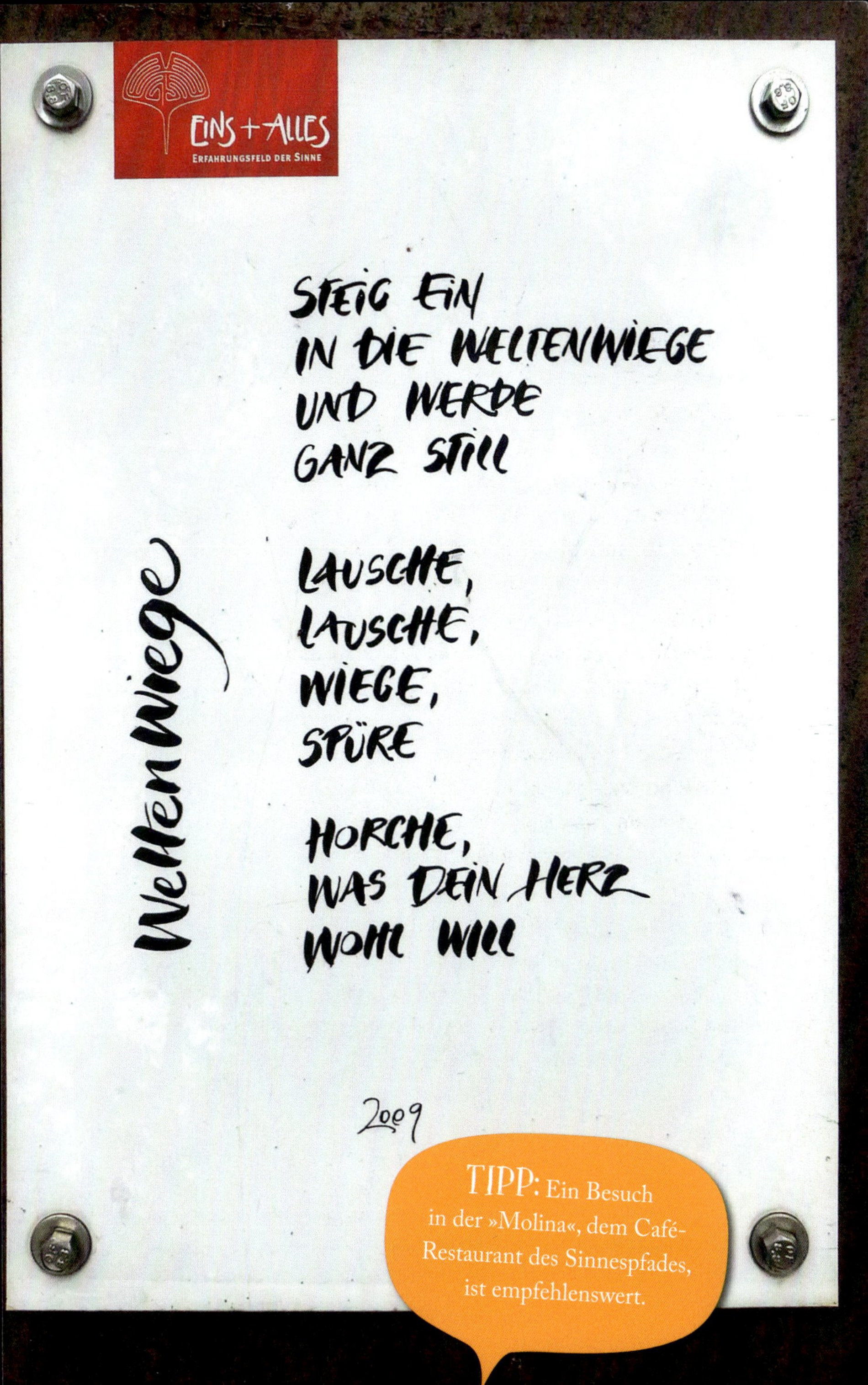

TIPP: Ein Besuch in der »Molina«, dem Café-Restaurant des Sinnespfades, ist empfehlenswert.

111_DIE WILDKATZE

Wo die wilden Katzen wohnen

Warum heißt Zaberfeld eigentlich nicht Zauberfeld? Denn nichts anderes ist es für die Kleinen. Ein Naturpark, der seinesgleichen sucht. Wild, natürlich, liebevoll durchdacht.

Sie könnte kein besseres Zuhause finden, die kleine Schwester des Löwen, die Wildkatze. Und wie der Name schon sagt, ist sie wild und frei. Deshalb wohnt sie nicht eingesperrt in einem Käfig, sondern in einer eigens für ihre Bedürfnisse angelegten Kletter-Spiel-Förder-Anlage. Hier kann sie sich wie in der freien Wildbahn betätigen und jagen, turnen und toben.

Die Wildkatzenwelt ist nicht nur für die wilde Katze ein schönes Zuhause, sondern für interessierte Kinderaugen ein spannendes und lehrreiches Umfeld. Denn hier gibt es alle Informationen über den Körperbau, die Lebensweise und die Sinnesleistungen der Wildkatze. Was ist bei ihr anders als bei der domestizierten Katze? Kann sie mehr? Sind nachts wirklich alle Katzen grau? Wie viele Leben hat die Wildkatze? Diese und viele andere Fragen werden beantwortet. Da sie nachtaktiv ist, braucht man ein gutes Auge, um das flauschige Tierchen auch tagsüber zu erblicken.

Die Spielanlage der Wildkatze im Außenbereich ist frei zugänglich. Auf geht's, und aufpassen, dass keiner die Krallen ausfährt!

Das gesamte Gelände um den Naturpark lädt zu herrlichen Wanderungen und Ausflügen inmitten der Natur ein.

Adresse Naturpark Stromberg-Heuchelberg e.V., Ehmetsklinge 1, 74374 Zaberfeld, Tel. 07046/884815, info@naturpark-stromberg-heuchelberg.de, www.naturpark-stromberg-heuchelberg.de // **ÖPNV** ab Hbf Stuttgart mit Regionalbahn bis Haltestelle Lauffen (Neckar), dann Bus 664 bis Haltestelle Zaberfeld Naturparkzentrum // **Öffnungszeiten** Nov.–April Mi, So 10–17 Uhr, Do–Sa 13–17 Uhr; Mai–Okt. Mi–So 10–17 Uhr; Preise: Kinder bis 3 Jahre frei, danach 1,50 Euro, Erwachsene 3 Euro // ab 3 Jahre

TIPP: Auf dem Gelände gibt es wunderbare Seen, in denen auch gebadet werden darf.

1
Mühlacker
Enz
Vaihingen/Enz
111
Bietigheim-Bissingen
Freiberg am Neckar
A81
LUDWIGSBURG
16
Markgröningen
Asperg
Schwieberdingen
Hemmingen
Kornwestheim
Münchingen
Weissach
3
Korntal-Münchingen
Zuffenhausen
A8
Ditzingen
4
Heimsheim
Rutesheim
Leonberg
Gerlingen
39
STUTTGART
Renningen
Weil der Stadt
97
40
Magstadt
Vaihingen
Möhringen
14
Leinfelden
SINDELFINGEN
15
13
Echterdingen
BÖBLINGEN
Steinenbronn
Plattenhardt
Gärtringen
Holzgerlingen
105
Waldenbuch
Dettenhausen
Herrenberg
N
0
2 km

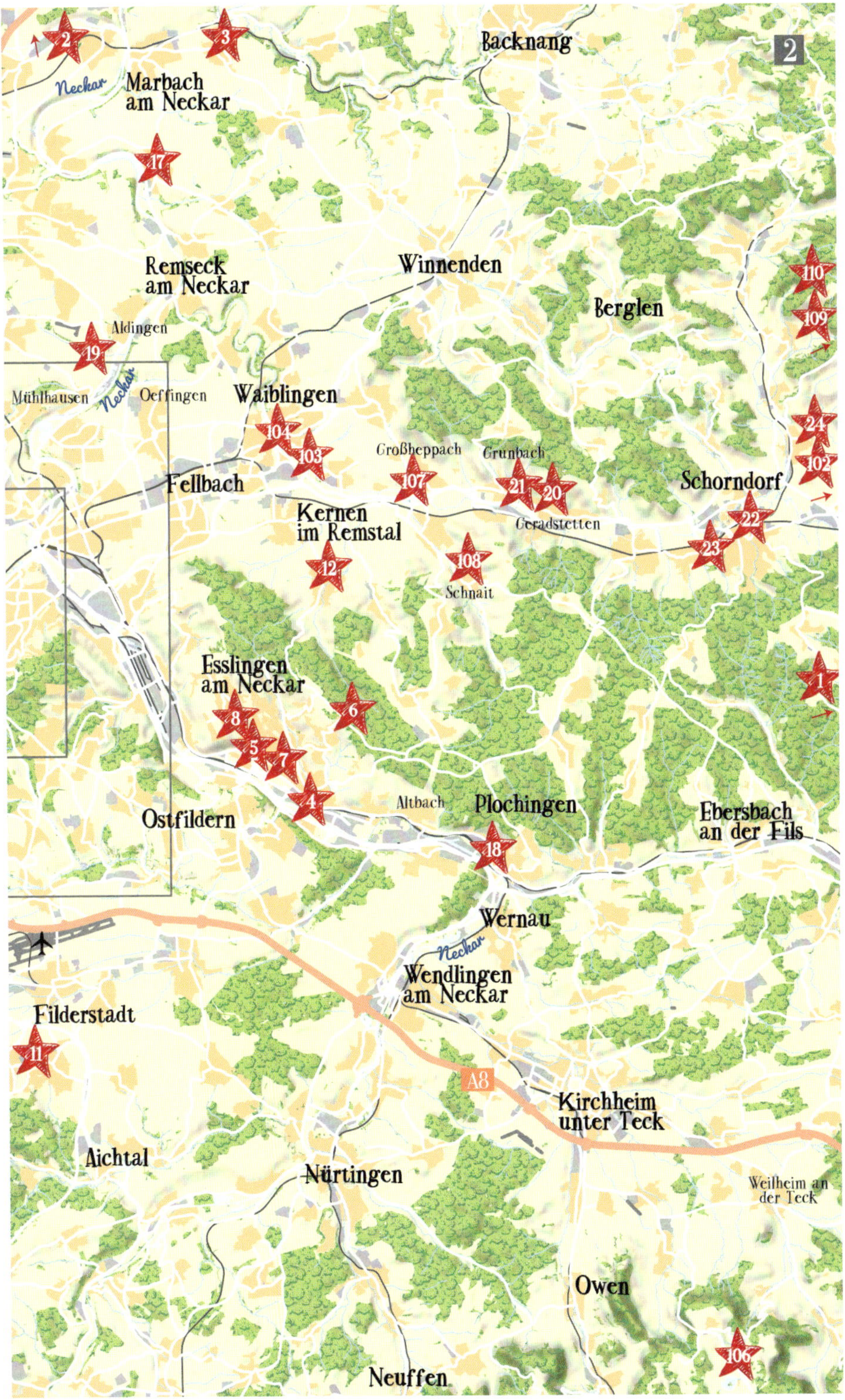
2
Backnang
Marbach am Neckar
Neckar
Remseck am Neckar
Winnenden
Berglen
Aldingen
Mühlhausen
Neckar
Oeffingen
Waiblingen
Fellbach
Großheppach
Grunbach
Schorndorf
Geradstetten
Kernen im Remstal
Schnait
Esslingen am Neckar
Altbach
Plochingen
Ebersbach an der Fils
Ostfildern
Wernau
Neckar
Wendlingen am Neckar
Filderstadt
A8
Kirchheim unter Teck
Aichtal
Nürtingen
Weilheim an der Teck
Owen
Neuffen
2 3 17 19 104 103 107 21 20 110 109 24 102 22 23 12 108 8 6 5 7 4 18 1 11 106

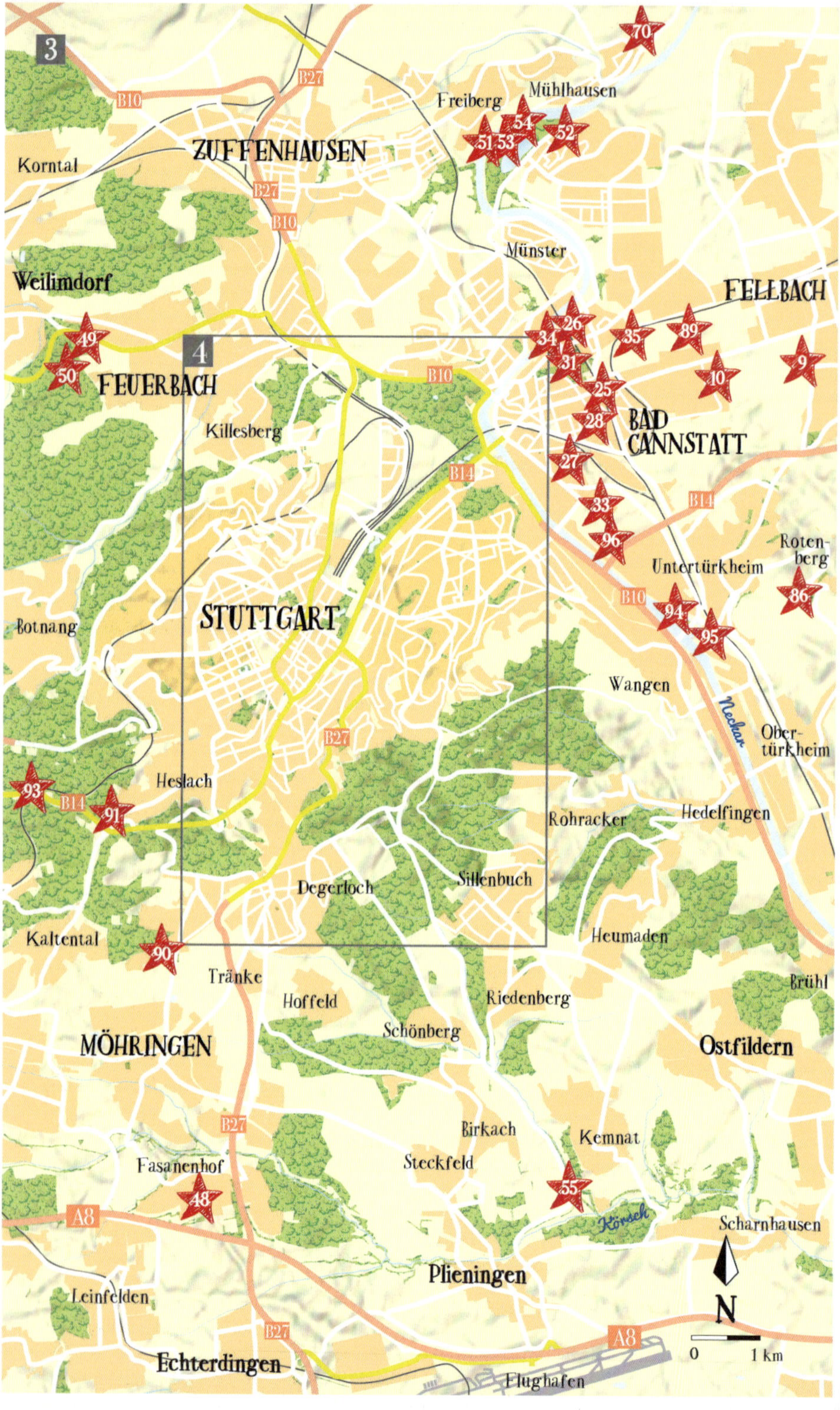
3
4
B10
B27
B14
A8
ZUFFENHAUSEN
Korntal
Freiberg
Mühlhausen
Münster
Weilimdorf
FEUERBACH
FELLBACH
Killesberg
BAD CANNSTATT
Rotenberg
Untertürkheim
STUTTGART
Botnang
Wangen
Neckar
Obertürkheim
Heslach
Rohracker
Hedelfingen
Degerloch
Sillenbuch
Kaltental
Heumaden
Tränke
Hoffeld
Riedenberg
Brühl
Schönberg
MÖHRINGEN
Ostfildern
Birkach
Kemnat
Fasanenhof
Steckfeld
Körsch
Scharnhausen
Plieningen
Leinfelden
N
0
1 km
Echterdingen
Flughafen
70
54
52
51
53
26
34
35
89
31
9
10
49
50
25
28
27
33
96
86
94
95
93
91
90
55
48

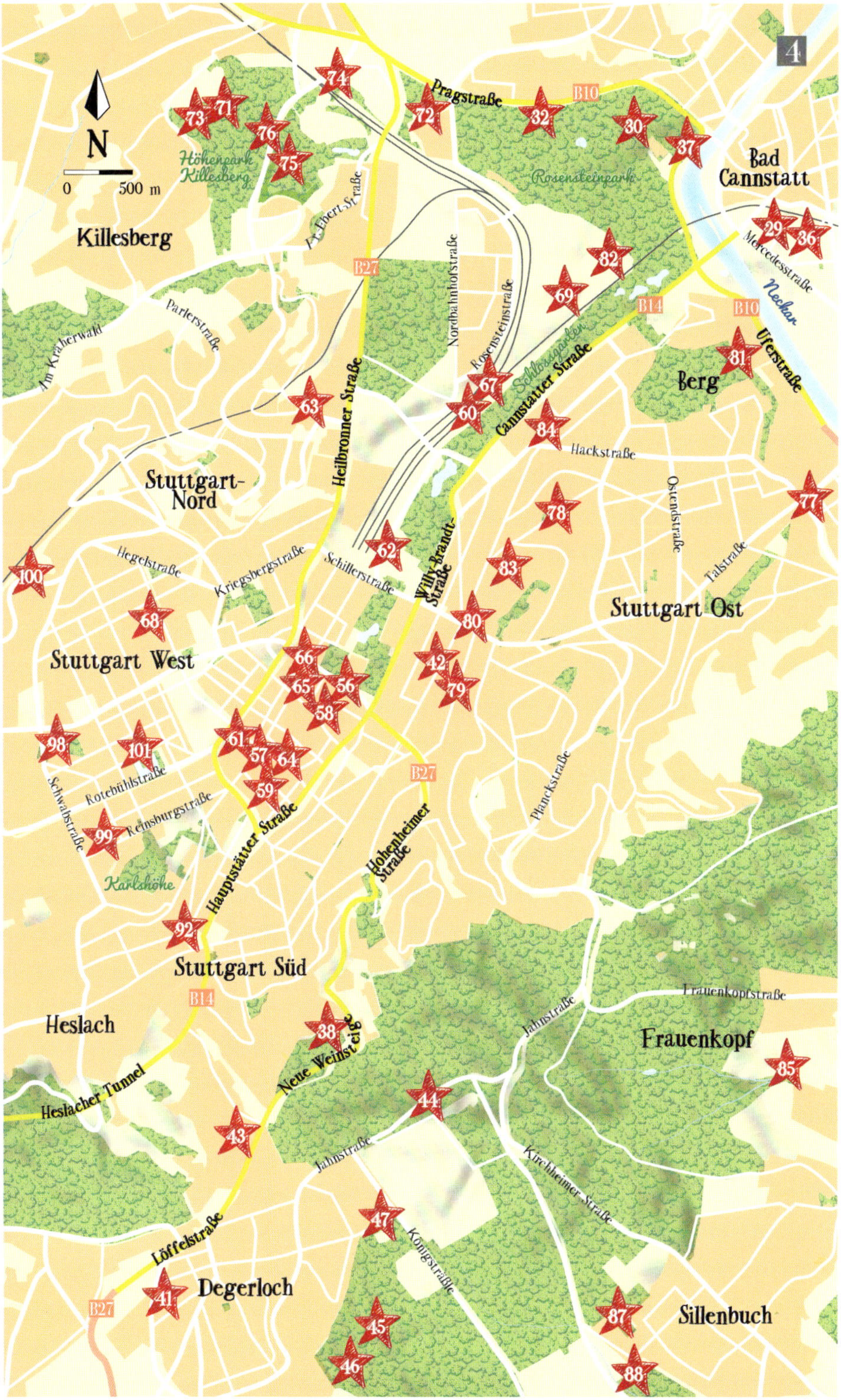
4
N
0
500 m
Höhenpark Killesberg
Killesberg
Fr.-Ebert-Straße
Pragstraße
B10
Rosensteinpark
Bad Cannstatt
Mercedesstraße
Neckar
B10
Uferstraße
Berg
B27
B14
Nordbahnhofstraße
Rosensteinstraße
Schlossgarten
Cannstatter Straße
Hackstraße
Ostendstraße
Talstraße
Parlerstraße
Am Kräherwald
Heilbronner Straße
Stuttgart-Nord
Hegelstraße
Kriegsbergstraße
Schillerstraße
Willy-Brandt-Straße
Stuttgart Ost
Stuttgart West
Rotebühlstraße
Reinsburgstraße
Schwabstraße
Karlshöhe
Hauptstätter Straße
B27
Hohenheimer Straße
Planckstraße
Stuttgart Süd
B14
Heslach
Heslacher Tunnel
Neue Weinsteige
Jahnstraße
Frauenkopfstraße
Frauenkopf
Kirchheimer Straße
Jahnstraße
Königstraße
Löffelstraße
Degerloch
B27
Sillenbuch
29 30 32 36 37 38 41 42 43 44 45 46 47 56 57 58 59 60 61 62 63 64 65 66 67 68 69 71 72 73 74 75 76 77 78 79 80 81 82 83 84 85 87 88 92 98 99 100 101

Sina Beerwald
111 Orte für Kinder auf Sylt, die man gesehen haben muss
ISBN 978-3-7408-0840-2

Alexandra Schlennstedt, Jost Schlennstedt
111 Orte für Kinder in und um Lübeck, die man gesehen haben muss
ISBN 978-3-7408-0845-7

Daniela Clément
111 Orte für Kinder in Hamburg, die man gesehen haben muss
ISBN 978-3-7408-0334-6

Katja Josteit
111 Orte für Kinder in Kiel, die man gesehen haben muss
ISBN 978-3-7408-0641-5

Cornelia Kuhnert, Günter Krüger
111 Orte für Kinder in und um Hannover, die man gesehen haben muss
ISBN 978-3-7408-0333-9

Isa Grütering, Natascha Korol, Theresia Koch
111 Orte für Kinder in Berlin, die man gesehen haben muss
ISBN 978-3-7408-0251-6

bwegt.de
Ab 24 Euro
24€ + 6€ + 6€ + 6€ + 6€
Das Baden-Württemberg-Ticket:
Mit Aahs und Oohs von A nach B.

Anke Landleiter
111 Orte für Kinder in Nürnberg, die man gesehen haben muss
ISBN 978-3-7408-0852-5

Florian Kinast
111 Orte für Kinder in München, die man gesehen haben muss
ISBN 978-3-7408-0431-2

Christina Bacher, Norbert Breidenstein
111 Orte für Kinder in Köln, die man gesehen haben muss
ISBN 978-3-7408-0332-2

Bernadette Németh
111 Orte für Kinder in Wien, die man gesehen haben muss
ISBN 978-3-7408-0558-6

Charlotte Mohs
111 Orte für Kinder in Mainz, die man gesehen haben muss
ISBN 978-3-7408-0665-1

Julia Tzschätzsch
111 Orte für Kinder in Frankfurt, die man gesehen haben muss
ISBN 978-3-7408-0686-6

DANKSAGUNG

Ich bedanke mich bei Daniela, Kerstin und Verena für die wertvollen Tipps, die die noch leeren Seiten dieses bunten Buches gefüllt haben.

Vielen Dank an Agnes und Louay aus dem »Café Zeitgeist« in Fellbach, die mich während des Schreibens immer kulinarisch verwöhnt haben.

Natürlich danke ich meinen Lieblingsmenschen für euren unerschöpflichen Glauben an mich und meine Träume und für eure Liebe – Mutti & Vati, Agnes, Natali H., Nicole B., Sandra, Jeff (en la búsqueda de la calidad humana) y todos mis amigos queridos de Colombia. Les tengo presente.

Meine Achtung und mein Respekt gilt den mutigen Frauen, die in ihrer Mutterrolle aufblühen.

Franziska Lô ist Autorin, Dozentin und Kreativtherapeutin. Wenn sie nicht reist, ist sie in Stuttgart zu Hause. In den vergangenen zehn Jahren hat sie sich mit ihren Kreativprojekten für Kinder aus sozialen Brennpunkten und für Kinder mit Fluchterfahrungen aus dem Irak engagiert.